実践！安心登山

洞井孝雄

黎明書房

はじめに

本書の元となったのは日本勤労者山岳連盟の機関誌『登山時報』の連載「私の登山ワタシと登山－どんな山がやりたいんだ？－」である。

私が役員として在任中に携わった連盟や山岳会の運営、登山学校やさまざまな講習会（今では趣旨が変質して、似て非なるものになってしまったものもある）、合宿などのとりくみの中で、見聞きしたり考えたりしたことを、社会や登山界の動き、理念問題とも絡ませながら、自由に書かせてもらってきたものだ。

連載が終わった後、読者から「毎月楽しみにしていたのに……」という声が編集部に届いたという話や、「あれは読んどいたほうが……」と仲間に言われたという話が聞こえてきた。自分でも、実践をバックに、リアルタイムで一生懸命書き綴ってきたという思いがあって、一冊にできないか、とも思ったのだが、実現にはいたらなかった。

２０２０年、コロナ禍で、みんなが立ち止まらざるを得なくなった。いつもなら、立ち止まれば、周囲に取り残されてしまうような思いに駆られるのだが、そんな焦りを感じることなく立ち止まる時間が与えられた。足踏みしながらこの連載を思い出し、読み返してみて、手を入れるべき部分は少なくないけれど、形にしてみたいと改めて思った。で、立ち止まっている間に、削除や修・訂正など整理を行ったものがコレである。

２０２１年になっても、パンデミックは終息するどころか変異株の出現で一層脅威が広がっている。

登山の世界も同様である。登山団体は、コロナ以前から、会員数は減少し、高齢化がすすみ、新入会員の獲得も進まず、組織としての方向性を打ち出せないまま活力を失っているように見える状態が続いてきたが、この間のブランクは、仲間同士の結びつきをより疎遠にし、「組織」としての取り組みがほとんどできない状態を作り出し、一層大きなダメージを受けることになった。

コロナ禍は、メジャーな山域から登山者の足を遠のけ、長く続く制限の毎日は、近郊の山に向かう多くの「新しい」登山者を生み出した。２０２０年の登山事故統計では、道迷いなど低山で発生する事例が増え、「本格登山で大幅減、近郊低山ではそれなりに多発」したのが特徴だったと伝えられている。このような新しい状況にこそ、登山をするひとも、そのひとたちを送り出す側も、彼らを迎え入れる側のひとたちも、余計な心配や神経をとがらせずにすむ「安心登山」のありかたが求められているのではないか。既成の登山団体や経験を積んできた登山者は、これまで実践してきたノウハウや知恵を伝えて行くことが必要だろう。

世界中が失ってしまった、あたりまえだった日常は元には戻らない。ほおっておけば風化し、忘れ去られていくばかりである。これから登山の世界でも新しいルールや〝お作法〟が作られていくことだろうが、どこかで、コロナ以前の自分たちの取り組み、かつてのあたりまえの登山、その思いがどうだったか、を残しておくことも、あながち意味のないことではないように思われる。

二〇二一年八月

コロナ禍の夏、自宅で

目次

2015年

2016年

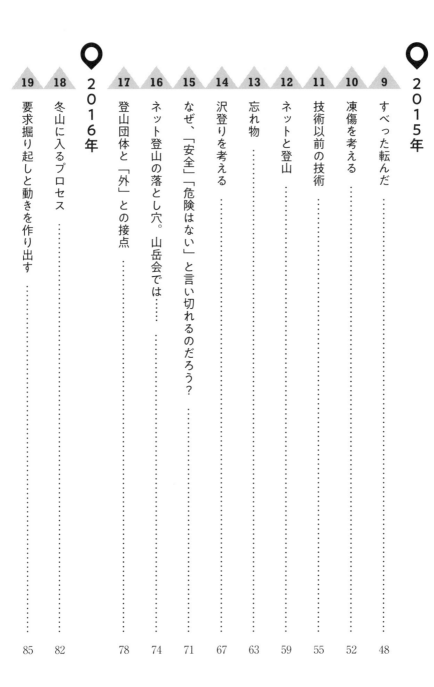

【コラム目次】

2014年

1

合宿シーズン。古い、といわれつつも。

「どんな山がやりたいんだ？」

よく、周りの仲間に聞くことがある。登山をはじめてしばらくは、とにかく行きたい登りたいばっかりの状態が続く。その熱狂の時期が過ぎると、たまに正気に戻ることがあって、「自分はなぜ山に登っているんだろう？」なんて考えたりする（考えないひともいるけど）。

正解なんかないし、理由もさまざま。理屈は後追いである。それでも、楽しくなければ続かないし、生きていなければ登山を楽しむこともできない。

この問いかけは、たぶん、自分が登ることで山から受け止めたいと思っているものが何か？ということで、「なぜ山に登るか？」という命題と同義なのかもしれない。登山をする中で拾った話、経験したこと考えたこと、ちょっとしたヒント、そんなものの中から、この課題をちょっと斜に構えて見ていきたいナ、という思いがこのサブ・タイトルのコンセプトである。

目的をどこに置くか

ある合宿の準備のとき、会員から「△△岳で合宿やるのなら、テント担いでいくのは大変なので、小屋泊まりのパーティーも作って欲しい」という希望が出された。

「お・こ・と・わ・り。ただ△△岳に登るためだけなら、別に合宿じゃなくてもいい。本番までのプロセスを通して必要なことを学んでいくわけで、山はそのための手段、フィールド。別に山頂に立たなくてもいいんだ。自分たちでパーティー組んで行ったら？」

目的をどこに置くか、という問題なので、この返事に不服だったひともいたかもしれない。山頂に立てれば立てたほうがいいに決まっているのだけれど、ね。

春山のシーズン。各山岳会では春山合宿の準備たけなわのころである。「合宿」というのは「グループが一定の目的を達成するために生活を共にして励むこと(日本語大辞典)」ほどの意味だが、最近は各山岳会でも、合宿とは名ばかりで、会として何を勝ち取るか、なんて議論は嫌われる。いつもより少しまとまった日数がとれる、どこへ行こうか、というわけで、てんでにパーティーがあちこちの山に入るというのがフツーになってきているようだ。

ガイドブックや雑誌やインターネットで山域が紹介されると、季節を問わず経験を問わず、積雪期でさえも、トレースさえつけられていれば、平気でみんな入山してしまうご時世、何カ月も前から仲間同士が集まって、何度も打ち合わせを繰り返し、目標とする山域と掲げた目的に向かってトレーニング山行を行ったり準備に取り組んだりするのは面倒だし、古い古い、もうそんな時代じゃないよ、というわけだが、でも、そうした取り組みを続けている山岳会もないわけではない(と思いたい)。

本番前の取り組みは…

ワタシの会も古い「部類」だろうか。本番前の取り組みでは、装備、気象、医療、食糧、渉外など任務分担をし、それぞれに課題を挙げ、打ち合わせのたびに進捗状況を報告し合う。装備担当なら、この季節にこの山域にこの日程で入るために必要な個人装備、共同装備の数量と知識とか、気象担当なら、この季節の特徴的な気象条件やこの山域で予想される天候や必要な注意とか、医療担当なら、起こりうる疾病やけがなどの予防や対処、用意すべき救急医薬品など、調べたことや準備の進み具合を共有するわけだ。

あるとき、食糧担当が、「〇〇小屋なら水はあるし、×時間担ぐだけだから、メニューは何でもあり。やりたい放題」という報告(?)をした。確かに、登山口から〇〇小屋までの行動時間は、×時間。装備が多くなっても多分、大丈夫だろう。しかも水も季節問わず潤沢。火器や燃料もそれほど心配いらない。何かあれば小屋に逃げ込むことだって…。しかし、これではミもフタもない。

みんな合宿で覚えてきた

「でも、これ、合宿だぜ。そういうのは別の山行でやろう」

行くときは一緒、テント場ではそれぞれソロのテントを張って、個々で用意したおひとり様用の食事（最近は山の道具屋さんでもおひとり様用の食糧パックが主流のようだ）をして、翌日はまた一緒になって動く……、こういう登山も最近のひとつの流れとしてあるようだが、山岳会の合宿はそういう登山とはやはり対極にあるといえる。

たしかに。担げれば、何でもあり、だけれど。
極上肉も、ね。

新しく合宿に加わるメンバーは、この取り組みを通して、山域研究をはじめ装備、食糧、気象、生活技術、行動技術、その他もろもろを学んでいく。古いメンバーは、それらを新しいメンバーに伝えながら自分の知識・技術を再確認したり習熟したりして磨いていく。

「合宿ってそういう場だよな。たまたま水はあるので、雪を溶かして作る必要はないけれど、違う山域だったら、水も作らなければならないし、燃料も余分に必要になってくる。何泊何日の日程で、共同の食糧は朝何食、夕何食。何を献立にするか、この季節だったら、体が温まるようなメニューがいいなあ、メンバーは何人でコッフェルは何組？　ガスコンロのヘッドはいくつ？　カートリッジはいくつ要る？　装備を最小限にして、できるだけコッフェルや食器を汚さず使い回しをして、水の消費を最小限におさえるにはどんな材料がいいか、でも貧しい食い物じゃ嫌だな、そうすると工夫が大事だよな。単に食糧担当だけの問題じゃなくて、装備担当と話をして全体で何を省くか、何を持っていくか、どう軽量化合理化をはかるか、パーティーのスケールメリットを生かしながら準備するのも大事な中身だろ？」

準備、トレーニング、本番まで、共通の体験を通してメンバーが育っていくこと、そのことが会の経験の蓄積と登山力量（「山行」力量ではなくて、スキルはもちろん、考え方も判断も経験もすべて含めた「登山するための」力量のことだ）を高めて行くことになるはずである。ウチの会で、いま、会員が当たり前のようにやっていることは、みんな合宿の中で身につけてきたことである。その応用の延長線上に日常の登山活動があるのだ。

もう一度、「合宿」の意味や目的を見直してみたら？

大事なことが見えてくると思うのだが。

（二〇一四・五）

COLUMN

試食

これもある時の合宿の話。

その合宿の食料担当は、ある日の夕食の献立を、身体が温まるもので、調理が簡単で、コッフェルを汚さず、使用する水も少なくて済むもの、と智恵を絞ってレトルトのビーフシチューにしようと決めた。

メンバーには、ちょっと小うるさい連中が揃っていて、「うまいもん、食わせてくれるんだよな」などと相当にプレッシャーをかけたらしい。

打ち合わせで、

「この前、店で○○のと、△△、××、◎◎なんかを買ってきました」「おっ、気合い入ってるな」

次の打ち合わせでは

「いま、家族みんなで、買ってきたやつを試食してます」

「こりゃ、期待できそうだナ」

合宿本番。

「これが一番、うまかったやつか？」

「いや、試食してないやつを持ってきました。みなさんに食べて貰って…」

いったい、どうするつもりだったんだ！

2

安全・安心のツール。組織としての計画書

ある時、山行管理、とりわけ計画書の扱いについていろんな地方の山岳会の担当者から話を聞く機会があった。

「会の山行は計画書が提出されているが、個人山行は提出されていない」「県外への山行や泊りがけの山行では計画書の提出が義務付けられているが、里山の山行や日帰りの山行では、自分も含めて出されないことが多い」「出させるよう努めている。当日であっても、ファックスかメールで会の事務所へ送っておくように求めている」こんな発言が続くのに驚いた。何のための計画書か、ということを本気で考えているのだろうか？　ふーん、同じ山なのに、泊まりがけなら必要で日帰りなら不要だというのはなぜなんだろう？　普通は二日かかる行程を一日でやってしまおうという計画を立てたら、日帰りになるから出さなくていいわけだ。山行当日に計画書送ってどんな意味があるのだろう？

「山行管理」と「計画書」

一方で、「どんな山行でも、事前に計画書を作成して担当者に提出し、チェックを受けることを徹底している」というところもあって、ちょっと安心もした。

でも、「近所に◎×山のある住宅街に住んでいる会員を抱えた山岳会がある。ほとんど日課のようにして登っているそこの会員たちに〝計画書を出せ〟といっても出さずに登りに行ってしまうような例もある。計画書提出を徹底させるのは無理ではないか」などという発言にはがっかり。そんな地域的な特性については、それぞれの状況を抱えている山岳会が安全確保のためのルール作り（たとえば、○○山の▲▲、△△ルートについては計画書不要、ただし、いつ、誰とどこから

登る、ということだけは会のしかるべきメンバーに伝えておくこと、というような）などで柔軟な対応をすればいい。地域の事情を普遍化しても、計画書提出が徹底できない理由にはならない。

計画書の意味

計画書は、いつどの山に行くか、そのために必要な基本的事項を洗い出してリスクを把握した上で、山に登る準備をするための仕様書であり、周囲の誰かに〝行く〟という意思表示をするツールだ。形としては、登山口で提出を求められる「登山届」をイメージすると分かりやすいだろうか。

「計画書」の様式も、記入すべき項目や記入の仕方もばらばらで、統一されたものはない。記入すべき項目の多くは共通したものが多いが、計画書を使うひとの意識と使い方の温度差は大きい。山岳団体における計画書は、一般に「山行管理」のツールとして認識されているが、「管理」という言葉を本来の〝処理、取り締まり〟という認識でとらえると、仲間の山への出入りを把握し集計するだけの、機械的、形式的な計画書の受け渡しに過ぎなくなってしまう。しかし、山行「管理」という言葉の位置づけや役割はもっと重い。

会員は作成期日、山行期間、山域、山名、山行目的、留守本部、参加メンバー（任務、氏名、年齢、山岳遭難対策基金加入口数、住所、電話番号 etc...）、使用する車、安全対策、エスケープルート、概念図、個人装備、共同装備、食糧などを記入した山行計画書を作成し、留守本部になってくれる仲間と会の山行管理（担当）に提出し、そこでチェック、確認を受けなければならない。この季節に、このメンバーでこのルート、この行動が身の丈に合ったものか、安全（「危険だから行くな」ではなく、「危険を回避」する方策が考えられているか）か、装備はそろっているか、万一の対策やエスケープルートは考えられているか、などなどを客観的に見られるわけだ。

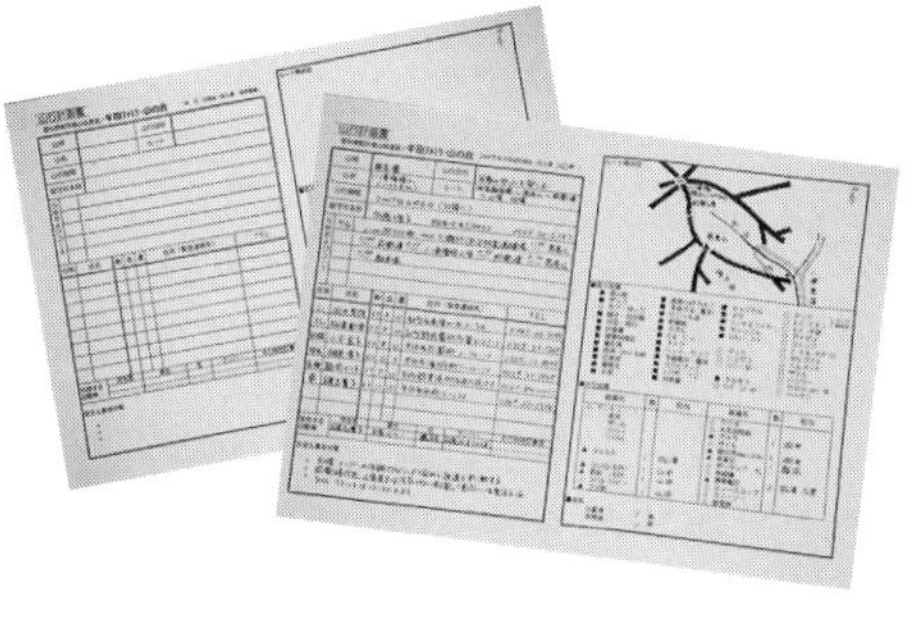

住所や連絡先が違っていれば、打ち合わせがなされていないことがすぐにバレる。いつもの装備、いつものメンバーの計画の安易さも見抜かれる。問題点があれば、その指摘を受けて計画を再度検討したり、説明を求められたりする。会によっては、担当者に計画の変更を求めることができる権限を与えているところもあるし、担当セクションが留守本部を兼ねていて、不備なら留守本部を引き受けない（却下）ところもある。留守本部は計画通りパーティーが下山しなかった場合、その下山、安否などについて確認をとったり、しかるべき対応をとってくれたりする二重三重の安全対策でもある。

組織としての計画書

会員を管理するのではなく、相互に指摘しあって、事前に不安定な要素をいかに取り除いて危険を回避するか、という組織としての安全を追求するシステムが山行管理であり、計画書という、たった一枚の紙キレが安全装置の役割を果たしている。

当日の朝にメールやファックスで送られてきた計画書では、チェックする余裕も、問題ありと指摘された場合の検討期間もない。山に入ることの追認や万一下山してこなかった場合の足取りの見当をつけるのには使えるかもしれないが、「無届ではない」という既成事実を作っているだけのことにいったいどういう意味があるのだろう。

役割と意味を理解した会員が作成した計画書を、組織として受け取ってくれる会があって、自分たちが山行を終えて無事下山するのを待っていてくれる仲間たちがいる。「組織としての計画書」というのはそういうものだ、と思う。

「いままで、計画書を出すことにすごく抵抗がありました。何か、自分の山行がみんなから見張られているような感じで。でも、あれは仲間が見守ってくれていたんですね。これからはきちんと出そうと思っています」

あるところで計画書について話をした。耳を傾けてくれた仲間の言葉が頼もしかった。（二〇一四・六）

3 装備のベーシック・ミニマム

異なる山岳会の会員が一緒に登山をして共同装備を分担したとき、装備のとらえ方が会ごとに違っていたりするとやっかいである。ある山行で下山が遅れ、パーティーはビバークを余儀なくされた。そのときツェルト担当のメンバーのザックから出てきたのは「おひとり様用」で、使えなかった、という笑えない話がある。

共同装備のツェルト、といえば複数のメンバーで使用することが前提のはずだが、登山装備の意味が徹底されていなかったり、共同装備の概念がない山岳会では、一人用だろうと複数用だろうとツェルトにはかわりないということだろう。こうした意識の違いがあっても、分担した装備を忘れて携行していなかったとしても、何事もなければ気づかないままバレないままで済まされていってしまうが、何かあったときには、一気に大きな問題として立ち現われてくる。装備の知識や意識や認識を基本的なところで共有することは、難しいけれど大事である。

ここでは、これだけはいつでもどこでもどんな場合でも持っていたい最小限の装備（私たちは〝装備のベーシック・ミニマム〟と呼んでいる）のひとつひとつについて、なぜ必要か、どのように使うか、なんのために持っていくか、を考える。

どんな山をやるひともやりたいひとも

▲地図とコンパス

その山域の地図と方位を確認する磁石（方位コンパス）を必ず持っていくこと。ついでにその使い方も個人装備と考えてほしい。「使い方を知らないから持って行かない」というのは理由にならない。

「道間違い」と「道迷い」は違う。

「道間違い」は、進むべき道がわかっていて、間違えたときには立ちどまって正しい道に戻れるという状況のことだし、「道迷い」は自分がどこにいるかもわからない、間違っているのにも気づかない状態のことをいう。進む方向や現在位置を確認できること、行き先の様子を知ること、目的地に間違いなくたどりつくこと、ができるための大切なツールである。

▲計画書

御嶽の噴火後、いろいろな山の登山口で登山届を提出する登山者が増えたという報道がされている。「何かあったら探してもらえる」ことにやっとみんなが気づいてくれ始めたのだろうか、これまでもそう言ってきたのだが、ね。

山岳会には、登山口へ行く前の段階で計画をチェックし、事前に危険や不安要素を取り除いたり、計画書を預かって留守宅を引き受けてくれる仲間がいて、元気に下山したという報告を待っていてくれる〝山行管理のシステム〟がある。リスク管理とダメージ・コントロールの両方の機能をもつ「組織としての計画書」の意味は大きい。その計画書を一枚、提出するものとは別に、自分のザックの中に入れておこう。緊急避難時以外は、この計画書に記載された計画を勝手に変更しないこと。下山したらすぐに留守宅に下山報告をすることが必要なのは言うまでもない。

▲筆記用具

記録をとったり、他の人に何かを依頼する際のメモとして使ったりする。記憶は曖昧なことが多い。負傷事故で止血帯を施した際の時間経過の記録などは不可欠になる。

▲ヘッドランプ

個人装備の筆頭に挙げたい。日帰りの予定であっても日のあるうちに下山できるとは限らない。足元が見えなくなると行動の自由が利かなくなって、速度が落ち、一気に危険性が増す。

持っているかどうかを聞いたら、「そんな重いもの、持っていかない」と言い放ったご婦人がいた。最近はLEDになって、球切れや電池の消耗の心配も以前ほどではなくなった。しかもコンパクトで軽い。いつでも使えるよう点検しておくとともに、いつでも取り出せるところに入れておこう。

高瀬ダムから湯俣へ向かう途中のトンネルで、落雷による停電で照明が消えて真暗闇になってしまった経験がある。どうどうと側溝を流れる水の音だけが響く闇の中に自分一人…これは怖い。

登山学校の実技で、現在地確認のために地図と磁石を出せと指示したら、ザックの中身をみんな引っ張り出さないと地図を取り出せない受講生がいた…これも別の意味で怖い。

ベーシック・ミニマムの学習（登山学校で）

ヘッドランプでも地図でも、少しでも早く取り出せることが大事なのだが、いるんだ、大事にザックの奥底にしまいこんでいて、緊急時にモタついて、怒鳴られるまで気づかないヤツが…。地図、磁石、カラビナ、スリングなどは、ザックの雨蓋などに入れて、すぐに取り出せるようにしておくこと。

転ばぬ先のロープとスリング

「落ちるとも思わないし、渡れないとも思いません。でも、万一のこともあるかも知れませんので、ロープ張ります」

岩場や雪稜などでパーティーの先頭を歩いていて、たまに、「もし……」という思いが頭をよぎったりする。そんなときには、ロープを出して固定し、メンバーにはスリング、カラビナを使って命綱をつけて通過してもらうことにしている。そういう時に限って、誰かがツルリ、とやって、ぶら下がって止まったりする。幸い、打撲程度でホッと胸をなでおろすのだが、この程度で済んでいるのは、装備とその使い方を知っていたからだと思う。

▲カラビナ、スリング

ともに山の世界では一般的に岩登りや沢登りなどの道具のひとつとして認識されている。カラビナはゲートと呼ばれる開閉部品のついた金属製の環、スリングはナイロン・ロープ、またはナイロンテープを結んだり、縫ったりして輪にしたもの。

共同装備のロープと一緒に、不安定箇所の通過や岩場での登り降りなどの場合の命綱として使ったり、仲間を確保したり、ホールドの代用として使ったり、と、用途が広い。それぞれ2〜3くらいを個人装備として、ザックの雨蓋などすぐに取り出せるところに。

スリングの輪の長さは、一本は腰に回して結ぶことができる長さ、もう一本は固定したロープにプルージックをかけ、腰に回したスリングとカラビナでつなぎ、手を伸ばしてプルージックの結び目を摑むことのできる長さ（ややこしくてごめん！）を基本とする。

冒頭の例のように、実際に固定ロープにスリングでぶら下がって止まるような場面などはない方がいい、というよりあっては困る。むしろ、通過するときに、固定されたロープに自分の身体がスリングでつながっている、万一の場合にも大丈夫だ、という「心強さ」「安心感」をメンバーに与えることの方が大事なのだ。

渋滞のモトだ、という人がいるが、ロープの固定、それに命綱をかけて通過する、これだけの使い方なので、習熟すれば、こわくて足がすくんでいる登山者よりもよほど早く安定して通過できるようになる。

「もし……」と感じたリーダー（この、「もし……」と感じることができるのがリーダーの資質のひとつだと思っているのだが）は、迷わずロープを出す。それを見て、メンバーたちはいつでもスリングとカラビナがセットできるようになれば以心伝心、呼吸がぴたりと合ったいい登山ができるんじゃないかな。ただし、いつも張ってもらうのが当たり前、ということになってしまうと、おそらくその人は二番手は歩けても、先頭を歩くリーダーにはなっていけない。

どんな場合にロープを取り出し、どんな風に使うか、を自分のものとして会得していくことは大事だ。ただ持っていればいいということではなく、ロープの結び方やカラビナ、スリングの使い方などの知識と技術は前提。「無形の」ベーシック・ミニマムといえる。

で、このカラビナとスリング、今では当たり前のように装備のひとつに挙げられているが、40年近く前には、岩登りをやらない人には見たことも聞いたこともないようなシロモノだったはず。その頃から私の所属する会ではコレがいつでもどこでも携行すべき個人装備のベーシック・ミニマムのひとつに入っていたことを、ちょっと自慢しておきたい。

装備のベーシック・ミニマムとその展開

	ベーシック・ミニマム（いつでも＆どこでも）	宿泊を伴う場合	積雪期の場合	岩登りの場合	沢登りの場合
個人装備	□登山靴（季節、フィールドに合わせて軽登山靴なども使用）		⇒冬用登山靴	⇒クライミングシューズ	⇒草鞋、渓流足袋、沢靴
	□ザック （サブ・ザック－必要に応じて）	小屋泊、テント泊によって変動大	□下着上下（ウールもしくは化繊） □テルモス □ロングスパッツ □ヤッケ □オーバーズボン □オーバー手袋 □靴下（予備） □手袋（予備） □スカーフ □目出帽 □（ヘルメット） □ゴーグル □アイゼン □ピッケル □（輪かんじき） □（ハーネス）		
	□地図＆磁石 □計画書 □筆記具 □ヘッドランプ □カラビナ（×２） □スリング（×２） □ナイフ □帽子 □手袋（ウール＆軍手） □雨具（カッパ＆傘） □防寒具 □着替え □ □水筒 □食器（金属製） □ビニール袋 □ロールペーパー □タオル □新聞紙 □マッチ＆ライター □予備電池・電球 □持病薬 □健康保険証 □キャンドル □メタ（＆メタ台） □ホイッスル □レスキューシート □非常食（×１）	□マット □シュラフ □シュラフカバー □羽毛シューズ （⇒積雪期） □（スキー） □（ストック） □（シール） □（登攀用ロープ） □（アイスバイル）		□ヘルメット □ハーネス □スリング □カラビナ □ハンマー □ハーケン □チョック □ナッツ □フレンズ、カム □下降器 □確保器 □アブミ □登攀用ロープ □チョーク（＆袋）	□ヘルメット □ハーネス □スリング □ハンマー □カラビナ □ハーケン □下降器 □確保器 □アブミ □登攀用ロープ □（浮輪）
共同装備	□コンロ（ガス） □燃料（カートリッジ） □ツェルト □医薬品 □細引き（8mm×20m） □（トランシーバー） □テント ・本体 ・ポール ・フライシート ・テントマット ・ペグ	□コンロ＆燃料 □コッフェル □ブス板 □ポリタンク □ラジオ □天気図用紙	□テント内張り □竹ペグ □スノースコップ □スノーソー □タワシ	★個人装備、共同装備ともにベーシック・ミニマムは季節、形態、日帰り、宿泊、難易度の如何にかかわらず、自然と対峙する際には常に携行する必要のあるもの ★宿泊を伴うもの、積雪期、岩、沢、季節や形態によって独自に必要なギアが増える。数量はその都度、変動する	

▲ナイフ

昔は「切れる」というのはホメ言葉だった。「あの人は切れる」という風に使われたのだが、最近は「キレる」人がコワイ。でも、ナイフは切れないと困る。ただ、扱いには注意しよう。

まだ山への交通手段が国鉄(JRではなく)中心だった頃、車内でリンゴを剥きはじめたとたん、列車がゴトン、と動きだした。この最初のひと揺れで、ナイフの刃がリンゴの皮をすべって指に……痛い思いをした。いいタイミングだった。バカだね。

昔々、ヨーロッパで岩登りをしていて、懸垂下降中に、ロープが岩に引っかかって回収できなくなり、やむを得ず途中まで登り返してナイフで切断し、回収できた短いロープをつないで降りてきたことがあった。ロープを切るのはけっこう思い切りが要る。でも、生きて還るためにはためらわずナイフを使うことも必要なのだ、と改めて感じたものだ。

シンプルで小さなフォールディングナイフに紐をつけて首から吊るせるようにしておこう。機能がいっぱいついているものは不要だが、ドライバーがついているものは何度か使って重宝したことがある。使い道は工夫次第。切ったり、削ったり、穴をあけたりという作業は案外多い。

▲帽子

ハットでもキャップでも個人の好みだが、通常は日よけ、雨よけ、虫よけ、防寒、防風など季節によって、いろんな役割を果たしてくれる。同時に、頭に落石を受けても、帽子が力をそらしてくれて軽いけがで済んだ、とか、頭上に張り出した枝に頭を直撃するのをまぬがれたとか、緩衝材になってくれたなどの例もある。私たちが使っている計画書の装備欄には「帽子&目出帽」と書かれている。目出帽は、わかりやすく言えば、映画やTVで銀行強盗などが顔を隠すのに使っているあれである。主に冬季に頭部の防寒に使われる。最近ではインナーとかアウターとか細分化され、それぞれ素材も厚さも違うものが出ている。

以前、小学生だった子どもの手を引いて、インド北部の「花の谷」を訪れたことがある。4000m近い標高だったが、谷一面を埋め尽くす花を眺めながら、朝の光とひんやりとした空気の中をTシャツ一枚で歩くのは心地よかった。途中から数人のインド人のグループと一緒になったのだが、彼らは厚手のセーターを着込み、何人かは目出帽をかぶっていて驚いたことがある。「さわやかな空気ですね」と言ったら、「どこがさわやかだ、コールドだ」と返事が返ってきた。どこで目出帽を使うか、というのも個人差がある。

▲手袋

軍手、プラス防寒用の手袋をザックに入れておきたい。軍手は行動中、やぶを漕いだり、枝をつかんだり、調理時の火傷防止など、手の保護や作業用に重宝する。最近は化繊のものがほとんどだが、綿のものであればなおいい。濡らさなければ、多少の防寒にも役立つ。軍手とは別に、防寒用の手袋も持っていること。フリースなどより、濡れても保温性の高いウールの手袋がいい。雨に打たれたり、標高の高い稜線などで行動する時に、冷えて手の感覚がなくなるとピンチである。無雪期でも必ず一双は用意しておくこと。

▲雨具

山では「濡れること」は極力避けたいことのひとつ。そのためには雨具が必携の装備だ。上下セパレートのカッパと折りたたみ傘。どちらかではなく、両方を持っていこう。ゴアテックスが出始めで高価だった頃（今でも決して安くはないが）、苦労して手に入れたセパレーツの雨具。濡らすくらいなら自分が濡れた方がマシ、と、しまい込んでやっと使う気になった時には、長年、大事に畳んで持ち歩いていてできた〝折り皺〟から雨が沁みるようになっていた、みたいな本末転倒の時代があったが、最近はだんだんと蒸れにくく浸みにくい素材のカッパが普通になってきた。でも、素材が格段に進化したといっても、パーフェクトではない。やはり濡らさない、濡れない工夫は必要である。

気温が高ければ、傘をさして、上着のファスナーを開けるとか、フードを外すとか、上着を脱いで雨具のズボンだけ着けるのも少しは快適になる。テント場で、他のテントと行き来したり作業するときには、条件にもよるけれど、カッパだけで動き回るよりは傘をさした方がはるかに合理的だ。折りたたみ傘の使いみちについてはこれだけではない。日傘の代わりにも「目隠し」にもなる。ビバークの際にツェルトの中で広げれば、固定したスペースを確保することもできる。ケースバイケースでいろいろな使い方ができるのが折り畳み傘である。

▲防寒具

標高が100m上がるごとに気温は0.5℃〜0.6℃下がり、風速が1m増すごとに体感温度は1℃下がるといわれている。木曽節に〝木曽のなぁ中乗りさん、木曽の御嶽山、ナンジャラホイ、夏でも寒い、ヨイヨイヨイ〟という一節がある。御嶽は2014年9月の噴火によって多くの死者・行方不明者を出し、まだ登山規制がなされているが、古くから多くのひとたちに崇められ親しまれてきた山だ。木曽御嶽の最高地点は剣ヶ峰の3067m。海抜0mで30℃の気温でも山頂部では15℃、2〜3mの風速で風が吹いただけでも体感温度は12℃くらいになる。夏でも寒い、というのは科学的根拠がある。1000m前後の山でもちょっと計算すれば、夏でもけっこう寒くなる可能性があることがわかる。風雨などの場合には雨具の下に一枚着込むだけで生死を分かつことも、過去の事例が教えてくれている。いつでもどこでも、防寒具は用意しておけ、ということだ。「防寒具」という商品があるわけではないので、ウィンド・ブレーカーとかフリースとか、ダウンとか、行動しているときに着用する衣類以外に保温、防寒のできる衣類をザックに入れておくようにしたい。厚手のものを1枚よりは薄手の重ね着のできるものを2枚とか3枚にした方がかさばらないし重量も軽いはず。しかも重ねる枚数によって体温調整もできる。忘れないで持って行こう。

▲着替え

無雪期の日帰り登山では、ザックの中に入っている着替えは、せいぜいTシャツぐらいだろうか。最近では、撥水性、透湿性、速乾性に優れた衣類がでているので、行動中に着替えることが少なくなって、下山してから着替えることの方が多い。車で入山したときなどは、上から下まで一式を車内に置いておくと、さっぱりした格好で帰ることができる。

泊まりの登山では、一日の行動が終わったとき、乾いた衣類に着替えれば快適に過ごせる。翌日また、前の日の衣類を着て歩けば、着替えは一組で事足りる。それが嫌だ、というひとには余分に担いでもらうしかない。

沢登りの場合は、流れの中を登っていくので濡れて当たり前。日帰りであろうと、沢の途中で泊まる計画であろうと、上から下までの着替え一式が必要だが、これはベーシック・ミニマムというよりは、登山のジャンル独自の「必要装備」に入るかもしれない。

沢中泊の計画では、幕営ポイントに着いたら乾いた衣類に着替え、翌朝はまた、濡れた衣類を着て出発する。どうせすぐに濡れてしまうし、乾いた衣類をキープするための知恵だが、明け方の、ぐっしょり、ひんやりの着替えは快感である。

「あ〜、冷てぇ。気持ち悪りぃ」

▲水筒

山行の打ち合わせをしているときに、若いメンバーから、「あの〜、ポリタンクって…」という質問がでた。「水筒とも違うんですよね」という疑問も。私たちの会の計画書の装備欄にはあらかじめ項目が並んでいて、携行すべき装備にはひとつひとつにチェックを入れるようになっている。個人装備の欄に「水筒」、共同装備の欄に「ポリタンク」という項目がある。前者は、一般的に、各自が行動中の飲料を持ち運ぶための容器を意味する。かつての金属製や樹脂製の高価なボトルは、ペットボトルや小さく折りたためるプラティパス（商品名。文字通り形状がカモノハシのくちばしを連想させる）とかの容器、行動しながら水分補給をするハイドレーションシステムなど、さまざまなものに取って代わられているので、「水筒」の二文字は、そういった用途を総称していると受け止めるべきだろう。要は行動中に必要な、飲料を携行するいれものであればなんでもいいのだ。

後者は、テント泊や小屋で生活するために必要な水を容れておく容器を意味している。かつて、そういう用途にも水筒代わりにも使われた「ポリタンク」は、今や多くが先のプラティパスのような容器に席捲されている。質問した会員は、ポリタンクといえば、家庭で灯油などを入れる容器をイメージしていたらしい。今では死語の部類だろう。

「違う表記に変えようか？　こういう基本的な検討を一度、会の中でもしないといけないと思うんだ」

その場の仲間たちにはそう話をしたのだけれど、クライミング分野で用語を統一する動きが出てきているように、山一般の世界でも用語、概念などを洗い直し共有できる作業をする時期にきているのだろう。

▲食器

「もうそろそろ…」

「やりますか」

ずいぶん前の夏、マッターホルンの下降途中でビバークしたことがあった。山頂で一緒になったパーティーと、リーダー同士交互にロープを固定しながらメンバーを下ろしてきたのだが、4000m付近で時間切れになったのだ。落ちないよう岩棚にロープを張り渡してマットを広げ、ザックからありったけの衣類を出して着込んでツェルトを被る。私のパーティーの仲間たちは、周囲の岩の間に詰まった雪と氷を集めて湯を沸かし、コーヒーを淹れてみんなに配った。

4000mのビバーク。マッターホルンで

「ここで、コーヒーが飲めるなんて」

　非常用装備をほとんど持っていなかった他のパーティーは感激していたようだが、仲間のひとりは、「まさかこんな真夏に、雪を溶かして水を作るとは思いもしなかった。こんな時こそ、普段私たちがあたりまえのように持っていくことになっているEPIやツェルト、メタクッカーなどのありがたさが身にしみた」と山行報告に書いている。

　私たちの会の計画書には「食器（メタ&メタクッカー）」と記載されている。普段はアルミの食器、万一の場合にはメタという商品名のタブレット状のアルコール燃料（最近はエスビットという商品が中心になっているようだ）を燃やすための台が食器の中に納まるようにセットになったものだ。その台の隙間に、軍手とライターを入れたビニール袋がちょうど入るので、私はこのメタクッカー一式を愛用している。

　メタは小さなケースに小分けして、非常パックに入れている。ビバーク時はもちろん、パーティーがバラバラになって、一人だけになってしまった、温かいものが飲みたいのに、共同装備のガス・ストーブやコッヘルは他のメンバーが持っているし…、なんていう時にはこのセットが役に立つが、最近は、メタクッカーそのものを、登山用具店で見かけなくなっている。ベーシック・ミニマムとしてはアルミ、チタンなど金属製の「火にかける（二重になった保温性のあるものは不可。近頃はやりのシリコン製の食器もNG！）」ことのできる取っ手のついた食器と、その下でアルコール燃料を燃やす台を一緒に持っていよう、と、説明している。ガス・ストーブもコンパクトなものが出ているので、今どき「メタ」など…と思うこともあるが、かつてクッカー一杯の湯で救われた思いをした経験からいうと、このメタの軽さと、普段使いの「食器」が非常時のコッヘルとしても使える安心感は捨てがたい。

▲ビニール袋

大中小取りまぜて数枚ずつ。濡れたものを入れて持ち運んだり、乾いたものを濡らさないようにしたり、使い道は、ケースバイケース、工夫次第。有料化されてしまったがスーパーのレジ袋は用途が広く、使い勝手がいい。大きな袋なら冬の登山靴が片方ずつ入るし、50ｍのクライミングロープも一本まるごと入ってしまうし、持ち運びにも便利だ。ただし、シャリシャリという音は使う場所と時間を誤ると周囲の顰蹙《ひんしゅく》を買う。

近頃は自治体ごとにゴミ出し用の指定のビニール袋が使われているが、以前は真っ黒なビニール袋が共通のアイテムだった。春、西穂高岳を往復してテントに戻ってきたら、水用に、と、ビニール袋に入れてテント脇に置いておいた雪が溶けてぬるま湯になっていたことがある。黒いビニール袋の熱吸収力恐るべし、であった。その日の夕食準備では、水を作る手間が省けたことは言うまでもない。

▲ロールペーパー

積雪期、残雪期のテント内などで、水が貴重なとき、食事後のコッフェルや食器を拭ったり、こぼれた水分を拭き取ったり、など、本来の用途以外にも重宝する。芯を抜いて、ロールの内側から紙を引っ張りだせるようにし、適当な大きさのビニール袋に入れて、口を縛らず輪ゴムでとめておけば、口の輪ゴムを緩めるだけで、ビニール袋のままロールから紙を引っ張りだせる。こうすればテントの中でも濡らすことなく使うことができる。

こんな形で多用途に使うものがロールペーパー、おもむろに必要な分量だけ巻き取ってポケットに入れ、テントから出て本来の用途に使うものをトイレット・

ペーパーと呼ぶ。この違いは何か？　と言えば、同じものをＴＰＯで意識的に使い分け、区別しているに過ぎない。しかし、こういうことが、文明人として、山で快適に生活するために大事なことではないか、と思っているのだが。

▲タオル

清潔で乾いたものを一本。それほど厚手ではなくよく水を吸うものを。雨に濡れた場合や汗をぬぐう場合には、やはりタオルでなきゃ。使い方は工夫次第。

▲新聞紙

最近は新聞を購読していない人も多いようだが、テント内でブス板の下に敷いて、濡れや汚れを防ぐ、何かを包む、焚き付けに使う、など、用途は工夫次第。停滞の際の時間つぶしにも。この時は新聞紙ではなく「新聞」になる。ヒマなので隅から隅まで目を通すと、時として古い政治情勢やニュースにやたら詳しくなりそうなのがコワイ。一日分もあれば十分。

▲マッチ＆ライター

眺望はなかったが、山頂の樹氷は美しかった。風が強くなったので、すぐに下山開始。苦労して登った山頂も、下りはあっという間である。温かいものでも飲んでゆっくりしようと途中のあずまやで足を止めた。

「マッチ、持ってませんか？　ライターでもいいんですけど。火がないのでコンロが使えないんです。タバコを吸わなくなってから、よく忘れるんですよ」

先客があって、中からいきなりこんな声をかけられた。

〝タバコ吸わなくても、山じゃいつも持ってないとまずいわな。もしもの時にどうするんだ〟

と思いつつ、にこやかに「ありますよ、ちょっと待ってくださいね」と返事をしながらザックからライターを取り出した。火は不可欠である。

マッチとライターは、どちらかではなく、それぞれ濡れない工夫をして違う場所に入れておこう。私はライターと軍手をセットにして、クッカーに入れて持って行くことにしている。マッチはライターとは別に非常パックに入れている。ここでいうライターは、いわゆる百円ライターのことだが、山では電子式ではなく、ヤスリ式のものの方が火が点《つ》きやすい。

▲予備電池

ヘッドランプ、無線機などは、できるだけ電池の互換性の高いものを使うようにしよう。電池は意識的に使って新しいものと交換しておくと、失敗が少ない。最近のヘッドランプはほとんどがLEDになって予備電球は必要がなくなった。そろそろベーシック・ミニマムから電球は削って、携帯電話の充電器などを入れた方がいいかもしれない。

▲持病薬

外傷薬、内服薬問わず、医薬品は共同ではなく基本的に個人で携行するという考え方に変化してきている。自分のための医薬品を。

▲キャンドル

ビバークなどの際の明かりにもなるが、ツェルトなど機密性の高いシェルター内では、「暖」を取ることもできる。やたらと太く重いキャンドルは不要。油煙や匂いの出ない和蝋燭《ろうそく》が燃焼効率も高くコンパクトでおススメ。

▲メタ&メタ台

タブレット状のアルコール固形燃料。〝スイスメタ〟という商品がよく使われていたところからこう呼ぶが、最近はあまり見かけない。かわりに〝エスビット〟という同様の燃料と、それを燃やすための台も売られている。数個を小さなケースに分けて、金属製の（火にかけることができる）食器と合わせて持っているようにしたい。昔、豪雨で下山が遅れ、伐採小屋で一夜を明かしたことがあったが、メタで沸かした一杯の湯で生き返った心地がした。ガスコンロも小型化、軽量化しているが、あくまで非常用なので、この軽さとコンパクトさは捨てがたく、項目から外せないでいる。

ザックの中身は

▲ホイッスル

声が届かないときに、仲間に合図をしたり、現在地を知らせたりするために持っていたい。沢などでは水の音で聞こえない場合もある。できるだけ大音量のものを。

▲レスキューシート

たたまれている時は手のひらに載るサイズ、広げれば風呂敷より少し大きめの、ポリのシートにアルミ蒸着したシート。快適ではないが、断熱性と保温性に優れていて、万一の際には助かる。昔、ヨーロッパの岩場で、懸垂下降を繰り返しているうちに日没になり、テラスで、ありったけの衣服を着込んで、相棒と背中合わせに座り、レスキューシートを被《かぶ》って一夜を明かしたことがあった。四隅を二人で握って引っ張り合ったり、眠気で手が緩んで飛ばされそうになって摑《つか》み直したり、そんなことを繰り返しながら一夜を明かした。

シートは風に吹きちぎられて、私たちが朝、握っていたのは切れ端だけだったが、これがなければ、あのビバークはもっと寒く辛いものになっていたに違いない。以来、私のザックにはお守り代わりにずっと入っている。被るより、くるむ（ラッピング）ようにするのが、効果的な使い方である。

ある集まりでの会話。

「どんな時でもこれだけはというのが、三種の神器と私たちが呼んでいる雨具と地図・磁石…」

「いつでもどこでもどんな時でも必須の〝最小限の装備〟をベーシック・ミニマムと呼ぶんです。〝これだけは〟と絞ったらベーシック・ミニマムではなくなる。挙げたもの全部ですよ」

「それは重いし、使わないし、使わないし…」

「いや、使わないために持っていくという装備もあります。ベーシック・ミニマムの装備のほとんどは、今、世の中にいっぱい出回っている非常用備品の中身と重なっていて、しかも山のそれはクオリティーが高くて価格はリーズナブル。重さも全部合わせたって数キログラムに過ぎません」

装備の知識や意識や認識を基本的なところで共有することは、難しいけれど大事なことだと思う。

4 盛況⁉ ウチの登山講座

昨今、いろんなところで登山講座がおこなわれていると聞く。各山岳会で開かれるものもその上部団体でも。残念ながら、なかなかその内容を知ることができない。受講者はみんな「基礎から学びたい」と思っている。でも、その「基礎」の中身は受けてみなければわからない。ひとことでは語れないし、知る機会も少ない。私たちの講座の実技の模様をレポートしてみる。

機会提供と周知

愛知県連盟が4月から6月にかけて一般向けに開講している登山講座がある。県連盟の取り組みを外へ発信すること、登山団体としてこれまで培ってきた知識・技術を普及すること、などをねらいとして（あわよくば受講生を仲間に、というねらいも）実施しているものので今年6年目。理論講座6回、実技2回のカリキュラム構成。毎年、40名の定員に対して、50名近い受講申し込みがある。年齢層は20代から70代まで、年齢差にして半世紀ほどの開きがあるが、共通しているのは「登山を基礎から学びたい」ということだ。

開講のたびに思うのは、これだけ登山の知識や技術を一から学びたいという人たちが多いのに、そういう場や機会が少ないのだなぁということと、一方で、私たちが一般の不特定多数の人たちに、〝登山講座を開講する〟ことを知ってもらう手段がないことである。県連盟の会員を対象とした取り組みなら、機関紙への掲載や加盟団体への連絡だけで事足りるが、組織外の人たちに知ってもらうためにはけっこうなエネルギーが要る。いかに登山団体が組織外との接点を持っていないか、情報発信を怠って来たかを思い知らされる。

実技本番は…

5月上旬、鈴鹿・鎌ヶ岳(1161m)で第一回目の実技を実施した。鎌ヶ岳は、その特徴的なピークの形から鈴鹿の槍とも呼ばれ、山頂付近は風化の進んだ花崗岩、途中の谷筋も尾根道もさまざまな表情と険しさを持っている。コースの選び方次第で、変化に富んだ実技のプログラムを組むことができる。この日は、鈴鹿スカイラインから三ッ口谷に入り、谷沿いの道から稜線に上がり、山頂を踏んで、武平峠へ下る計画を立てた。テーマは「まず山に登ってみる―これが登山」。パーティー行動をはじめ、これが山岳会の登山だ、ということを体験してもらうのがねらいである。参加した受講生37人を7パーティーに分け、6山岳会から集まってくれた14人の会員をリーダー、サブリーダーとして配置した。かれらのほとんどは県連盟の登山学校のスタッフである。

当日は快晴。9時。三ッ口谷の出合から堰堤を超えて沢筋の道に入り、新緑とそれを映す流れの脇を登って大滝への分岐に出る。大滝の手前で、左岸の足場の悪い山腹にロープを固定し、プルージック結びをしたスリングを、腰に巻いたハーネスがわりのスリングとカラビナでつないで、受講生たちに登らせる。初めてスリングやカラビナを見た、という受講生も、これまでそんな登山とは無縁だと思っていた受講生も、命綱に体重を預けることで、最小限の装備が万が一の危険を回避し、安心感を与えたり、行動の範囲を広げたりすることを体感して興奮気味だ。

通過に時間がかかるが、「危ないこと」を「危ないからやるな」ではなくて「危なくないようにしてやる」とはどういうことかを経験してもらう上では大事な仕掛けだと思っている。滝の上部から山腹を巻いて谷筋に降り、左右に渡り返しながら遡行を続ける。長石尾根への分岐で地図と地形を確認し、これからの行

大滝の手前で命綱のセット　ロープワークは楽しい

程を確認する。

源流部から稜線に突き上げるガレ場の急な登りでは落石をおこさないための足運びや落石への対応などを求められる。登り切って、武平峠からの登山道と合流し、砂礫の稜線から樹下の浸食の進んだ踏み跡に入って山頂に向かう。

暑くも寒くもない爽やかなコンディション。普段は見られない開花時期の違うアカヤシオとシロヤシオが並んで咲き、シャクナゲがびっしりと花をつけてあでやかである。足下のイワカガミ、リンドウなどの花もいっぱい。今年は花の当たり年らしかった。

全パーティーが山頂に着いたのは正午。遠く御嶽、乗鞍、恵那山、中央アルプスの峰々や、伊勢湾、中部国際空港まで見通せる眺望に恵まれた。

12時半、下山開始。山頂直下の崩壊した岩場では、リーダーたちが要所に立ってサポートし、スムーズに下降できた。崩壊の進む下山路をたどって、14時には全パーティーが無事、武平峠下のスカイラインに降り立った。

実技のあとで

実技後、受講生にはレポート提出を課す。ある受講生のレポートには、〝頂上では時間がなく、コンパスを出すこともなく、地図を見ることもなかった。行動食もゆっくり食べる時間も無かった。〟とあった。「ゆっくり食べる行動食」って、いったい何だろう。ほんのちょっとした時間に取り出して口に放り込む、そんなエネルギー補給の仕方が行動食という考え方だと説明したはずである。なかなか伝わらないものだ。

こちらのレポートの結びには、〝（いろいろな実技体験と反省を縷々述べたあとで）そしてやはり洞井さんは私に「山をナメるな」と言っていたと確信した。〟と書かれていてニヤリ。私の理論講座の中から、あるいは実技の中で、そんなふうに感じ取ってもらえるのは、受講生の感性だと思うが、こういう感じ方をしてもらえると嬉しい。

送られてきたレポートに添えられたこんな一言も。

「二回目の実技も晴れるように巨大てるてる坊主作っておきます！」

晴天に恵まれた嬉しさと、次の山行への期待がいっぱいつまっていた。

（二〇一四・七）

5 雨と遊ぶ

梅雨の時期。週末はほとんど雨で計画がお流れ、とか、もう早々と中止した、とか、そんな声がよく聞かれる。でも、ひょっとすると、こんな時こそ、これまで知らなかった山の貌《かお》を見ることが出来るかもしれない。敢えて、雨の中に一歩踏み出す、その覚悟ができれば、またひとつ世界が広がる。

往生際の悪さ

春の涸沢で、時ならぬ雨が降り続き、あちこちからどかんどかんと雪の落ちる音を聞きながら三日間、テントの中にぷかぷか浮かんだ食器で一日中足元にたまった水を汲み出す作業をしていたことがあった。

夏の錫杖岳での登山学校の研修山行。岩登りに行ったのに、受講生と並んで膝を抱えて、岩小屋の前の流れを二日間眺め続けただけで帰って来たことも。

いずれもずいぶん昔。天気予報が当たる確率も低く、天気の読みも難しかった時代。天候の回復を期待して停滞した挙句、撤収したときの記憶だ。

ばかだね、早く帰ってくりゃあいいのに。

数年前の秋の北鎌尾根。雨模様の天候は回復基調にあると読んで、独標の基部まで登ったが、一日中雨は断続的に降り続き、翌朝、撤退を決めた。水嵩を増して流れ落ちる北鎌沢を下降し、大曲へ戻った頃に雨が上がって、「もう半日、早く上がってほしかったナ」などとぼやきながら上高地へ帰って来たのだった。

「ぼく、雨、ナメてました」

「あめ（飴）は舐めるもんだ」

最近は天候の読みがズレて、進退の判断を迫られる場面で、往生際悪く逡巡することが多いのだが、これが、日帰りの近郊の山、しかも梅雨時の1000メートル前後の山になると、少し状況が違ってくる。

こちら、行く気満々

会の定例行でのこと。前夜からの雨にもかかわらず、当日、計画通り全員が集合場所に集まった。現地へ向かう途中も、雨はやむ気配がない。濡れるなぁ嫌だなぁ、などと思っているうちに登山口に到着。仲間たちは全員、車から降りて当たり前のように黙って雨具をつけはじめる。みんな、行く気じゃないか。

雨の山頂でも笑顔。確信犯です

「え？　行くの？　こんな雨なのに…」

心にもないことを言ってみた。返

出発前にチェック

事なし。

「だれが、こんな会にしたんだ？」

「さあ、誰でしょうね？　ふふ」

軽くかわされてしまった。その日は計画通り、一日中雨の中を歩いたのだった。

雨の日は、ジュクジュク、じとじと、グチャグチャ、どろどろ…こんな不快なイメージが先に立って、なかなか一歩踏み出せない。〝天気が悪い日は行動しない〟という固定観念に囚われて、雨の日の山を敬遠する。でも、最初の一歩だけなのだ、嫌なのは。思い切って雨の中を歩き出せば、もうどうってことはない。

雨の日の山は、景色、空気、石ころから草木に至るまで、いつもとは別の表情を見せてくれる。今日は雨だから、と計画を中止し、途中からいい天気になった一日を何となく過ごしてしまって、ああ、行けばよかった、などと後悔する気分に襲われる方がたまらない。むしろ、出かけて行って、ピチピチじゃぶじゃぶと遊んでしまった方が精神衛生にもよさそうである。

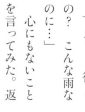

覚悟を決めたら

覚悟が決まったら、まず、頭のてっぺんから足の先までの着替えを用意しよう。山に担いでいくのではなくて下山してきてから着替えるための準備である。

　雨具といえば折りたたみ傘とセパレートのカッパが定番。カッパは昨今、ゴアテックス以外に、薄く軽く、しかも伸びる素材の雨具もいっぱい出てきている。そうした素材のカッパの下には、最近はやりの、肌をドライに保ち、吸汗、保温などの機能を持つウェアを使うと、快適に行動できる。汗冷えすることもない。

　雨に濡れて風に吹かれれば急激に体温を消耗する。山の高低、季節にかかわりなく、低体温症の危険はどこにもある。仲間同士で顔色や会話、体の動きなどに注意し、保温、加温を早めにすることが大事だ。

　雨が降り出したとき、雨具がいつでもすぐに取り出せるよう、パッキングされているだろうか？　傘を上手に使って、無駄に濡れないようにすることも大切である。カッパの上着を着るとき、下に着るものを一枚減らした方がいいかもしれない。登山靴をはいたまま、カッパのズボンに足を通すのはちょっと骨が折れるが、そんなときにはスーパーのレジ袋を靴にかぶせて足を通してみよう。仲間を待たせないで済む。フードをかぶるときには庇の広いキャップをかぶると、雨が顔に当たりにくく、視界を確保するのにも役立つ。手袋も手指の冷えを防ぐためにあるといい。林道など足場が安定した広い道や、風の影響がない場所以外は、傘は畳んでザックにしまおう。土の道は、誰かが一度ツルリとやれば、その後に続くひとも同じところで足を取られやすい。緩んだ路肩にも気をつけよう。岩の上に足を置いたり、道の上に延びた木の根に足を乗せたりするときは要注意だ。急な傾斜や、足場が悪いところで、脇にしっかりした樹木などがあれば、積極的にホールドとして使おう。あとは登るひとの学習機能、適応力に期待して…さあ、行くゾ。

　とは言え、ひどい雨や、とても歩けない状況なら、さっさと帰ってくることだ。天気だけでなく、山の表情も的確に見て、進退を判断することが前提となる。確信犯的に雨の中を歩くときはじとじとドロドロじゃなくて、ピチピチじゃぶじゃぶ、ランランランでなきゃあ、ねっ。

（二〇一四・八）

6 救助訓練を事故の抑止力に

事故が起きた場合には、すばやく当該パーティーで対処することがベターである。愛知県連には救助隊がない。そのかわり、と言ってはなんだが、「救助隊」という先鋭的な集団を作るよりも、加盟山岳会の会員みんなが救助の知識と実際を共有すること、その場に立たされたときに、その経験をもとに誰もが落ち着いて対処できるようになること、を意図して毎年、積雪期と無雪期に救助訓練を実施してきた。セルフ・レスキュー、コンパニオン・レスキューの普及版といったところだろうか。

参加者に「思いきりエライ目をしてもらうゾ！」をコンセプトに、搬出のシミュレーションを通して新旧の会員が知識や技術を伝えあい、ひと一人を山から運び出すのに費やす時間と労力がいかに膨大なものか、いかにばかばかしいものであるかを体感してもらうことが狙いである。事故が起きた場合の対応を学習するとともに、その搬出・搬送の過酷さに「事故を起こすと大変だぞ」ということを肌で感じてもらおうという思いもある。横のつながりもできる。会員ならだれでも参加OK。ただし、事前に開く机上学習会と実技はセットで、実技だけの参加は許されていない。

各会の「山行管理規程」と県連の「遭対規程」

先日、無雪期救助訓練を実施した。13の山岳会から60名が集まった机上学習会は、冒頭のような救助訓練の考え方と、各山岳会で事故が起きたとき、会は会員のためにどう動くか、会だけでは対処できない場合の県連盟の対応はどのように決められているか、などを知ることから始まった。

「自分の会に〝山行管理規程〟というものがあること

を知っているひと?」パラパラと手が挙がる。

「知らないひと?」これもパラパラ。

「手を挙げなかったヤツは一体どっちなんだ? 目が合わないようにうつむいてるけど(笑)」。

これまでまったく関心がなかったか、何のことかわからないか、どちらかだろう。実情はこんなものかも…。ま、参加してくれたことでよしとしよう。

「山行管理規程」というのはどんな状況を事故と見なすか、会員がその事故に遭った場合に会はどう対応するか、などについて山岳会が独自に定めている決まりのことだが、その規程の内容を知り、それが県連盟の遭対規程とどのようにリンクしているかを知っておくことは自分の身を守る大きな武器になる。これは組織登山者として大きな利点でもある。

「では、山で仲間が事故に遭った、ケガをした、疾病で動けなくなった…そんなときにまず、他のメンバーがやらなければならないことは何か?」と聞いてみる。参加者からは、「止血」とか「安全確保」とか、いろいろな答えが返ってくる。いずれも大事なことだが正解ではない。

もっとも大事なことは「落ち着く」こと、である。「なぁんだ」という表情を浮かべるひとが多いが、簡単なように見えてこれができるひとは少ない。まず、落ち着いて、自分の立ち位置、けが人の安否確認、状況と位置の把握、安全かどうか、動かすことができるか否か、当面なすべき処置…などを「瞬時」に判断し、やらなければならない、のが事故時の対応なのだ。が、その具体的な事故者への応急手当や保護は後日の〝救急法〟の講座に譲って、ありあわせの装備で行う搬出法や実技当日の搬送のためのザイル担架作りの練習をおこなった。

さて当日。訓練山域の御在所岳に集まった参加者は11山岳会54人。

午前中はパーティーごとに分かれて、①ロープ、ザック、カッパなど今ある装備を使った負傷者搬送法、②確保支点の作り方、③懸垂下降、④負傷者を引き上げる仕掛けづくりなどを体験した。「事故者が登山道から落ちた。そこへ降りていくために立ち木や岩などを支点にロープを固定し、事故者のところまで懸垂下降で下って事故者を保護し、引き上げの仕掛けを作ってみんなで登山道まで引っ張り上げる」という一連の流れである。遭難者を搬送する作業はそれから先の話だ。

「カラダを張れ！」

　午後からは搬送の訓練。ザイルで担架を編み、〝負傷者〟を固定し、左右に配置されたメンバーが持ち上げて運ぶ。前後にロープをつけて担架の確保、進行方向への舵取りやスピードのコントロールなどを行う。他のメンバーたちは汗だくになりながら、負傷者や搬送者の荷物を担ぎ、担架より前へ前へと移動し、段差、岩、立ち木、その他さまざまな搬送路の障害物に対して注意を与え、声だけではなくあるときはそれらを取り除き、あるときは山腹に飛び込んで側面から担架を支え、搬送がスムーズに進むことができる状況を作り出さねばならない。

搬送風景

　一定の時間、距離ごとに役割を交代しながら移動するなかで、メンバーに求められることは、「カラダを張れ！」ということである。彼我《ひが》の状況を自分で判断して動かねばならない状況の中では、うんと体力的にも精神的にも負担と緊張を強いられる。「エラい目をする」というのはこういうことなのだ。何もなければ10分ほどで移動できる距離も、ザイル担架で運び出そうとすれば小一時間はかかる。細い樹下の道、山腹のトラバースや岩の段差を運びおろした担架を、沢をまたいで張ったロープに滑車で吊るして対岸に渡したところで、50人を超える大人数での搬送訓練を終えた。

　いくらヘリコプターでの救助が容易になっても、場所によっては人力に頼る以外にない場合もある。遭難するということの意味、事故者を搬送するためには膨大な人手と労力、時間が費されるのだということを体で知るひとたちが増えれば、事故の抑止力のひとつになってくれるだろうと思うし、万一、実際に事故に遭遇しても、「落ち着いて」適切な対応をしてくれるはずだ。そう思いたいね。

（二〇一四・九）

7

あなたならどうする？

今年の夏は天候不順だった。

せっかく山行計画を立てたのに、中止したり、日程変更をしたりして、悔しい思いをしたひとも多かったようだ。反対に、ピンポイントの好天をうまく使ったひとも、いけいけどんどんで入山して、かなり危ない目にあったり、事故を起こしたりした例も少なくない。

いったん山に入ってしまうと、気象状況はもちろん、山域の状況や行動できる時間、現在の自分たちの置かれている状況をみながら、どんな判断をするか、ということが求められる。リーダーにとっては一番いやな場面だが、では、あなたならどうする？　地図を開いて、シミュレーションしてみてほしい。

「想定外!?」

「今週末はいいようですよ」

担当メンバーがPCや新聞で集めてきた気象情報によれば、合宿の日程全部が高気圧におおわれて、良く晴れた北アルプス・後立山を満喫できるはず、であった。

今年のウチの会の夏山合宿。初日は八方～五竜山荘、二日目は五竜山荘～冷池山荘、三日目に扇沢に下山という計画で入山したのだったが、そうは問屋がおろさなかった。

テントを担いでの唐松～五竜～鹿島槍～爺という行程は、一日の行動距離と設営ポイントを考えると、ちょっと長いかちょっと短いか、という設定の微妙な山域である。欲張ってひとつ歯車が狂うと、計画通りの行程を消化するのがむつかしくなる。

初日。八方のロープウエイとリフトを乗り継いで、多くの登山者を縫うようにして唐松頂上山荘まで登り、唐松岳山頂を往復して小屋に戻った。時刻は14時を回っている。昼までに小屋に着いていれば、計画通りこの日の目的地である五竜山荘まで進めたのだが、八方の出発時間が遅すぎた。体調不良のメンバーも出ている。さあ、どうしよう？

この日はこれ以上の行動をストップし、ここで幕営することにした。

設営後、気象担当が集まって書いた天気図を見ながら、

「なんだ、このままいい天気が続くはずじゃなかったのか？」

「それがですねぇ、予想外の前線が立山方面を通過するということで…」

「下り坂だね、早ければ今夜半くらいか、明け方から降りそうだな」

「ピンポイントで6時くらいに降り出すという予報もあります」

唐松頂上山荘から五竜山荘までの2時間半が勝負である。

「ともかく、五竜山荘まで行って、その先は状況次第。明日は4時出発。ただ、3時の空模様で、ここで待機して様子を見るかどうか判断しよう」ということになった。

さあ、どうしようか？

二日目。午前2時少し前から風が出た。次第に強くなっている。3時の時点では雨の気配はなかった。予定通りヘッドランプの明かりを頼りに風の中を出発。小屋の前から直進するとすぐ牛首岳の岩稜帯に入る。連続する鎖場、左右は切れ落ちて「転落注意」などという標識もあるが、暗いことが怖さを感じさせないのか、各パーティーの動きはスムーズである。大黒岳を越えた頃には朝陽が登った。青空が覗き陽光も射したが、すぐに雲に覆われてしまった。白岳を巻くころにパラッと来たので雨具をつけた途端、本降りとなった。五竜山荘に着いた頃には風と雨とガスで、ほとんど視界もなく、周囲のテントは強風でひっくり返っている。小屋の入り口付近は、テント場から避難してきたひと、これから山頂に向かおうかどうしようか迷っている人、出発したものの、風と雨に叩かれて戻って来たひとたちetc.etc.でごった返している。さあ、これからどうしようか？……。

合宿のメンバーは3パーティー17人。会歴の浅い会

員、合宿は初めてという会員が大半を占めた。反省会では、天候の急変は自分の想像以上だった、一旦悪天になるとあれほどとは思わなかった、などの声が多かったくらいだから、こうした山の洗礼を受けていないメンバーがほとんどである。全員無事に下山してきたことがなによりなのだけれど、終わりよければ…ということでもない。

「私だったら…」

「そのまま唐松から下山した」

「唐松のテント場で、もう一泊、天候が回復するのを待った」

サブリーダーを務めた比較的若い会員の意見。

「まだ日程は一日残っていた。五竜山荘で天候の回復を待って山頂を往復」

これは、リーダーをやったちょっと古参の会員の意見。

前者は、自分たちがどう動くか、という視点が基準、後者は、ともかく行動できる可能性を追求しつつも仲間たちに山頂を踏ませたいという視点を持っているということか。でも、いくら日程が残っていても、さっさと逃げるに越したことはない、というのが私の持論。ケースバイケースではあるけれど。

結果的に、下界と連絡がつき、その日の午後には帰りの足が確保できたので、五竜岳山頂を往復して遠見尾根を下山することとした。天候が回復基調にあること、眺望もなくただ山頂を踏んだ、という記憶が残るだけでも意味がないわけではない、そう思って五竜山頂を往復したのだったが、山頂では止んでいた雨が、再び横殴りの雨になり、足を速めて小屋に逃げ込んだ。下ってきても風をよける場がなければ、低体温症になる危険性だってなくはなかったので、小屋の存在に助けられたのだが、こんな場合の判断もまた評価が分かれるところだ。山荘でしばらく休憩したあと、次第に青空が広がって暑くなりはじめた遠見尾根を下ってきたのだった。

これから秋山のシーズン。紅葉だけではない。「秋霖」という〝秋の長雨〟も悩ましい。そんな時、私たちは、どんな判断をして次の行動を決めることになるのだろうか。こんな場合、あんなとき、仲間同士で一度、話し合ってみては？

（二〇一四・一〇）

8 軽量化と食料

装備の軽量化は、登山をする上でいつも課題となる。同時に、軽量化しつつうまいものを食べたい、という食糧の問題もまた追求の対象である。装備を削って辛いメをするか、食糧を削って我慢するか、と聞かれても、最近は「削りたいし、辛いメも我慢もイヤ」という答えが返って来そうである。最小限の荷物は担ぐ必要があるが工夫次第、日ごろの情報量次第でうまいメシが食える時代になってきた。ある山行でのお話。

“回鍋肉”

劔沢のB・Cに戻って来たのは18時過ぎ。そろそろ闇が迫りはじめようとするころだった。心配した雨にも降られず、計画どおりに縦走をコナした高揚感でムスメたちの笑いが止まらない。長い一日がメチャメチャ面白かった、らしい。

明日は撤収を残すばかり。テントで夕食の準備がはじまった。食糧担当のメンバーがザックから大きなベーコンのブロックを取り出す。

「えっ、それで三人分かい?」

「そうですよぉ、長時間全身運動続けたんだから、ガッツリ、タンパク質補給しないと。ホライさんに食べてもらおうと思って持って来たんですよ」

「あ、でもオレ、そんなに食えないんだけど…」

で、野菜が切られ、ベーコンが切り分けられ、食材が山盛りになる。

もうひとりのメンバーが当たり前のように、コッフェルに、フライパン用のアルミホイルを敷く。

「まず、第一ラウンド行きましょう」

コンロに火が入って、テント内の気温が上がり、コッフェルからはじゅうじゅうとうまそうな音がし始める。

献立は豚肉の代わりにベーコン（これだってポークなのだが）を使った〝回鍋肉〟。味付けには、小さなパックに分けられたそれ用の調味料。

装備を分類してみよう

軽量化は大きな課題だ。装備は①何が何でも必要なもの、②あった方がいいもの、③必要だけれどあればいいもの、とに分類できる。

ザックや衣類、登攀具、幕営具、調理器具やコンロなど、行動や生活に不可欠な装備は①の何が何でも持っていかなければならないものだろう。

②のあった方がいいもの、は、いわゆるラグジュアリー装備で、これがあると快適だとか、おもしろいな、とかいった「なければなくても済む」もの。世代、個人の好みや生活習慣に左右されることが大きいかもしれない。

③の「必要だけれどあればいいもの」の筆頭は「食糧」だろう。こだわらなければ、「味は二の次、食べることができればいい」ということになる。うんと軽く、調理の手間も省こう、ということになれば、調理器具もまた大幅に削減することはできる。

昔、アルファ米のように熱湯を注げば味付けごはんになるドライフーズを水で戻して、冷たいどろどろの中身をパックからちゅうちゅう吸いながら滝谷を登ったことがある。ウウ、思い出してもゾッとする。軽量化とスピードを優先し、登攀具以外、水も燃料も削れるだけ削ろうとした結果だったが、こんな登攀、今じゃ誰も付き合ってくれないだろうなぁ。

彼女たちは、バリエーション・ルートを登るための装備をメインにしつつ、自分たちの「食」への飽くなき追求の手も緩めることなく、幕営具も調理器具もベースまで持ち上げてきたのだ。この辺が、若いひとたちとかつての自分たちとは大きく違うところなのかもしれない。ま、格段に装備が変わってきているのだけれど。

「やらない」と「できない」の違い

コッフェルの上にフライパン用のアルミホイルを敷くことで、焦げ付かず、かつコッフェルを油で汚すことがない。使い回しができるのでコッフェルの数を最小限にすることができる。

肉も、真空パックのベーコンなら、それほど傷みを心配することもない。

野菜は洗って水気をきったものをフリージングパック（チャックつきのビニール袋だな）に入れて持ってきても一日二日はもつ。メインの献立にサラダ、それに一品二品加えて，ドレッシングは選り取り見取り、うまくしたもので、小分けされた調味料は一人用から数人用まで様々なパックが用意されている。

どんなものをチョイスするか、何を定番にするか、は、もっぱら、コンビニか、スーパーか、高級食材店か、という彼女たちの日常の行動半径と商品知識、山行における経験と食に対する貪欲さとこだわり、情報網と情報量に比例する。

山頂に着いて、はい、チーズ

二人とも、その辺の事情には通じていて、献立のレパートリーが広い。あうんの呼吸で手早く調理が進む。食料担当になっても、野菜の切り方も知らず適当にエサを作っているヤツ、作ってもらったものをただ食べるだけというヤツは見倣うべきだな。彼女らを見ていると、「やれる奴がやらない」のと「やれない奴ができない」のとは違うことを実感させる。

「餅なんかを焼くのなら、クッキングシートも使えるデ。焦げ目もきれいにつくしな……」

「あ、それはやってみよう」

テキトーに口をはさみつつ、あーでもないこーでもないとやっているうちに、夕食の準備ができあがった。

「おい、これも担いできたのか？」

「当然です。軽量化といってもほかのもので軽量化します。これだけは軽量化できません、ハハハ……」

酒の話である。肉食系女子にこれほど明快に断言されると、私には何もいうべき言葉がない。

で、乾～杯。朝からほとんど食べずに行動していたので、瞬く間にコッフェルは空になる。

「第二ラウンドいくよ～」

すでに満腹を覚えて、ふっと遠のいた意識に、元気

なコールが響いてテントの中に引き戻された。劔沢の
夕食は、まだ少し、続きそうである。

（二〇一四・一一）

COLUMN

中高年以上の登山者にこそ薦めたいアプローチ・シューズ

おもに岩登りをする人たちが、登山口から岩場のとりつきでクライミング用の靴に履き替えるまでの行動に使う靴で、軽登山靴などと比べるとフリクションにすぐれている。私は数年前から無雪期の山では、Ｆ社の○○というアプローチ・シューズを愛用している。もう4、5足は履き潰しただろうか。ある雑誌には「いい意味で期待を裏切ってくれる」という評が載ったりしたのを目にしたことがあるが、登山道を歩くのに不足はないし、岩が濡れても平気だし、ちょっとした岩場ならシューズを履き替えずにそのまま取りつくような横着なマネもできる。意図された用途がクライミングシューズとは違うので、足を締めつけずに長時間行動することが可能だ。底がはがれやすいのが欠点だが、その安定したグリップ力は、スリップや転倒防止にも有効だと思う。中高年以上のひとたちにこそ、高価な登山靴よりもこの靴を薦めたいな、と思ったりする（反対に、足の強い若いひとたちからは、グリップが効きすぎてひっかかるような感じも受けるという報告もある）のだけれど。残念なことに防水性に難ありで、ハイカットのものがないので二の足を踏んでいる。靴底や履き心地、デザインはそのまま、防水性があって、ハイカットで足首も十分保護できて、おまけに軽くて耐久性もあって、もっと安い○○を作ってくれないかなァ。

2015年

9

すべった転んだ

山行の打ち合わせのあとで、ひとりの会員から呼び止められた。コラムでも、グリップ力の高いアプローチシューズについて触れたが、その靴についての質問だった。たまたま急いでいて、隣にその靴のことを話した仲間がいたので、「メーカーも、扱っている店も、彼はよく知ってますから」と答えてそそくさと帰ったのだが、この時のことが妙に頭に引っかかったのは、虫の知らせ、とでもいうものだったかも知れない。

数日後、彼女が下山中に岩に足を乗せ、つるっとやって尻もちをつき、骨折した、という連絡がはいった。せっかく相談しようとしてくれたのに……と胸が痛んだ。幸いケガが軽くて、すぐに元気な顔を見せてもらえたのが救いだった。今回は〝すべった転んだ〟のお話。

すべった転んだも事故のうち

2014年中に、愛知県連盟の遭対部に報告された事故10件のうち、1件を除いては転倒による骨折事故。内訳は男性3人、女性7人。年齢層では50代と60代。愛知県連では、事故の軽重、負傷の有無にかかわらず、事故が起きたら必ず報告をすることになっているが、各会の担当者が集まる遭対担当者会議の席上で転倒事故の報告がなされると、若い人たちが多い会の担当者からは、「?・?・」という反応が返ってくることも多い。

「?・?・」の意味するところは、「なんで、これが骨折になるの?・」ということだ。言いかえれば、滑って尻もちをついた、つまずいて転んで手をついた、足をひっかけて体勢を崩した、そのときはたいしたことはないと思って自力で下山したが、下山してからも痛みがひかない、医者に診せたら骨折していた、そんな例がほとんどだが、「僕らは、こんなことで骨折しませんよ」ということなのだ。

つまずいてもすぐに態勢を立て直して持ちこたえられる、こんなことでは転ばない、尻もちをついても、手をついても、踏ん張って片足に負担がかかっても、そうそう骨折なんかしない、骨折したから「事故」だという報告になっているのだけれど、骨折しなければ、おそらく「事故」として報告されることも、ヒヤリハットとしてすら報告されることもない。「すべって転んで」「骨折して」、「事故」になるのは、もうひとつの別の「加齢」という要素と、骨折治療にかかわる費用の給付申請にかかわるものが大きいことも確かなのだろうが、トシとゼニの二つは、ひとまず脇に置いておいて、話をすすめたい。

現実に、「すべった転んだ」が骨折という結果になって、事故として報告されることが多くなってくると、「?-?-」とも言っていられない。若い人たちであっても、すべった転んだ、がなければ、アドレナリンが体内を逆流して駆けめぐることもなく、安定して登ったり下りたりできるはずである。現に、過去には岩に足を引っかけて転倒、負傷した若い人の事例もある。スリップかも知れないしそうでないかもしれないのだが、「すべった転んだ」は高齢者に限ったことではないように思われる。

なんでスリップしたんだ?

事故報告のなかで、「スリップして転倒」のような言い方は常套句のようにして使われる。

そして、その多くを、事故者本人の責任にして、今後のスキルアップ、習熟なんていう「落としどころ」で幕引き。それを聞いたひとも、「あ、そう」程度の受け止めかたで終わっていることが多いのだが、「ちょっと待てよ、なんでスリップしたんだ?」と考えると、なにもわからない。だんだん腹が立ってくる。

すべったのは左足か右足か、足に疲れが出てきていたのか、荷物は重かったのか軽かったのか、荷物のバランスはどうだったか、道の傾斜は急だったのか緩やかだったのか、土の道か、泥の道か、石ころだらけの道か、草付きか、岩の上か……樹林帯か、山腹のトラバースか、つかまるところはあったのか、ストックは使っていたのか、ダブルかシングルか、靴はどんなものを履いていたのか、新しかったのかすり減っていたのか、ソールはどんなパターンか、前日の睡眠は十分だったか、体調はどうだったか…などなどの要因があって、それが転倒という態様につながっていく。

転倒もまた、仰向けかうつ伏せか、横倒しか、尻餅か、受け身をとったのか、手を突いたのか、防御の姿勢がとれたのかとれなかったのか、打ったり、当たったりした部位はどこか、緩衝材になるようなものがあったのかなかったのか…

誰かがすべったり転んだり……

ケースバイケースでその都度状況は異なるし、一概に結論付けることはできないのだけれど、こうした要因、原因、遠因などを考え、ひとつひとつつぶしていくことができなければ、すべることも転ぶこともなくしていくことなんかできないのである。

当たり前すぎることを…

つまり、当たり前すぎて、誰もこれまで問題にしてこなかったことの中に、そうした事故の検討材料が眠っていそうである。

『転倒予防―転ばぬ先の杖と知恵』（岩波新書／武藤芳照著）という本を読んだ。「人間の歩行は8割が片足立ち」であるというのは、言われてみればあたり前だけれど、読むまで気づかなかった。片足でも転ばないためにどうするか、という疑問は、歩くことが基本である登山にもそのまま当てはまる。

すべった転んだも事故のうち、としてとらえて、「転ぶ」というのは一体どういうことか？なぜ、転ぶのか？　それを防ぐためにはどうしたらいいのか？　ということを会を越えてみんなで考えてみたらどうだろう？　そんな問題意識で、県連盟の遭対部で転倒についての検討会をスタートさせた。

ほんとうは、転んだ経験のある人たちが集まって、事故を起こさないためにどうしたらいいか、教訓と具体的な予防方法を洗い出せるといいのだけれど、経験者は体裁が悪いのか、出てきたがらない。問題意識を持った人たちが資料や事例を持ち寄って検討するしかない。奥が深くて、すぐに実効性のあるものにしていくのは難しそうだが、何をどう考えていくのか？ というコンテンツ作りや、多くの仲間たちに転倒について予防と防止のための問題提起をしていくというスタートラインには立てそうである。「すべるな」「転ぶな」と叫んでだけいるよりは、よほど具体的で、みんなで考えるための布石にはなる。

（二〇一五・一）

COLUMN

清掃登山

1996年9月。チベット、ブータン、シッキムの境に位置するチョモラリ峰（7326m）の山頂。絶え間なく交わされるトランシーバーの交信、歓声…。

登頂の喧騒が去ると、山頂には私一人が残った。これから“しんがり”として、ルートに山頂直下まで固定したロープを回収しながら下山するのだ。テイクイン・テイクアウトはこの隊のコンセプトでもあった。下降開始前に、ひとわたり山頂を見渡すと、いくつかのごみが目についた。数時間もたてば、行動食の包み紙など、風にさらわれて、どこかに飛んでいってしまうことだろう。第一、誰も登ってきはしない。でも、なんとなく、そのままにして下山することがはばかられた。

「7,000mで清掃登山かよ」

苦笑しながらザックからスーパーの袋を引っ張り出した。

山でごみを捨てない、捨てさせない、持ち帰る、というのは私たちには当たり前のことだが、当時の日中のジョイント登山では、なぜ捨ててはいけないのか、を習慣も自然に対する意識も違うメンバーに理解してもらうことはなかなか難しかった。

毎年6月の第一週に労山が実施し続けている清掃登山（愛知県連では今でも「クリーンハイク」ではなく「清掃登山」と呼ぶ）が近づいてくると、もう20年近く前のことが思い出される。

10

凍傷を考える

一昨年から昨年（2014年）にかけての冬は凍傷の事例報告が多かった。ほとんどは比較的軽くて済んでいるのだけれど、中には指先切断、なんていう例もある。多くは、行動中に指が凍っているのに気づかないい、あるいは感じないままに行動を続けていて、手袋をとったら、大変なことになっていた、そんな事例だ。

報告の中では、いろいろな要素や反省が述べられているが、当事者もリーダーも、コトの軽重の判断ができないまま、すぐに医師に診せるなどの手立てをとらなかったり、これまで一般に言われている民間療法的な対処だけでよしとしたり、といった例も少なくない。要は圧倒的に経験が不足している。一度経験すれば用心深くなって、その変化に気づくようになると思うのだが、そんな経験はしない方がいい。

鼻がもげる!?

鼻の穴に軟膏を塗り込み、手のひらに錠剤を乗せて、「ディスワン、ナウ。ディスワン、トゥデイズイブニング、ディスワン、トゥモロウモーニング…」と、いつ服用するか親切に説明したうえで、「鼻には覆いをして陽光に当てないこと。もう一度凍らせて解凍したらぽろっと落ちるゾ」と脅されて、三角巾を西部劇のギャングよろしくマスク代わりにして、氷河を下った。

その日は、よく晴れて、風もそれほど強くなかったが、非常に寒かった。デナリ・パスを越えたあたりで、相棒が「UNKOがしたい」と言いだし、こちらも「じゃ、カラダ、軽くするか」と答えて、結び合ったロープのあっちとこっちで、同時に雪原にしゃがんだのがマズかったのだろうか、6000mの寒気にさらしたのはお尻だったのだが。

マッキンリーの頂上で、鼻がつまったような感じがして、手でつまんだら、ジャリッと嫌な音がした。

「あ、しまった！」と思ってもあとの祭り。走るようにしてABCに戻り、ウエストバットレスからヘッドウォールを駆け下って4300mのメディカルキャンプ（この年、『高山病—ふせぎ方、なおし方』の著者、ピーター・ハケットが研究チームを率いて常駐していた）で手当てを受けた。それが冒頭のやりとりである。

マッキンリーで

一晩で、鼻は倍に腫れ上がり、手の指は数本、紫色に変色していた。鼻の頭は帰国して数週間でひと皮剥け、真っ黒になって、もとの色に戻るまで一年近くかかったが、なんとか落ちずに残った。手の指も幸いなことに壊死までには至らず、普通に機能してくれている。足の指先は変色もなかったが、3カ月近く、歩くたびにピリピリし、自分の足のような気がしなかった。手足はモンブランでも、中央アルプスでも凍らせた経験があるが、鼻の頭は初めての経験だった。それ以来、鼻の頭が冬の自分の身の危険を知らせるセンサーになった。

顔と手を見せ合おう

しばらく歩くうちに手袋をはめた手の指先の感覚がなくなってくる。その前から握ったり開いたりしているのだけれど効果がない。手袋の中で指先を抜いて手のひらの中に握り込むと、その冷たさが手のひらに感じ取れる。指先はほのかに暖かさを感じとって、少しずつ感覚が戻ってくる。まだ大丈夫、と安心する。こんなことを行動中に何十回となく繰り返すのが私の冬山である（だから欲しいのは「手の冷たくならない手袋」なのだけれど、どこかにないかな）。

手袋はもちろん、バラクラバやフードで顔半分を覆うなどの対策をしていても、指先か鼻の頭に違和感を覚えて、それが耐えがたい状況（感覚でしかないが）になれば「逃げ時」だ。

一昨年暮れの冬合宿では、阿弥陀岳の南稜から山頂に立ったところで、残った計画を割愛して下山した。まだ行けるのに、という不服そうな顔もあったが、P3を登るのに時間がかかりすぎた。目出帽から覗いた皮膚が変色したり指先が白くなっているメンバーもいる。私の指の感覚もなくなりつつある。この低温と風の中で、これから数時間の行動を続けるのは無理、低体温症の可能性もある、そう考えて判断したのだった。

下山してメンバーの手を点検したら、二人が指を凍らせていた。本人はそのことに気づかず、仲間から指摘されて初めて自覚したという、よくあるパターンである。すぐに医師の治療を受けるよう指示したが、幸い軽傷で、この経験が、「お互いに手と顔を見せ合う」ことが大事な予防策であることを、パーティーの仲間たちに気づかせてくれることになった。

凍傷対策についての知識は、体質の改善、水分の補給、かかった時の対処など、ネット検索すればそれこそ山のように出てくる。専門的なことはそちらで学んでもらうことにして、予防について簡単に言えば、行動中、凍傷を意識し、自身の状態に気付くこと、こまめに保温、防寒の手立てをとることである。低体温症も第三者の観察や判断が防止の手段だと言われるが、凍傷もまた、パーティーの仲間同士でお互いを観察・指摘し合うことが有効だろう。

冷たさに敏感になること、「あ、これはヤバいぞ」と思ったら、さっさと逃げた方がいい。避難するか撤退するか、である。

穴を掘れと言われたら、やめろ、と言われるまで掘り続けるヤツ、感覚の鈍いヤツ、あと少し、もう一本、という往生際の悪いヤツが凍傷になるんだ、きっと。

（二〇一五・二）

11 技術以前の技術

大人数の会の山行では複数のパーティーを組む。みんなが一緒にスタートしても、パーティーによって、先頭と最後のパーティーとの時間的開きが出ることも多いが、先に降りてきた仲間たちは後から下ってくるパーティーをどのように迎えているだろうか。自分の着替えや片づけに一生懸命になって、あるいはすでにくつろいでしまって知らん顔、ということはないだろうか。最後の一人が到着する、そのひとりを確認するまでは、山行は終わっていない。

パーティーのリーダーも自分のパーティーだけは全員降りてきたからそれでおしまい、になっていないか。そうではなくて、他のパーティーも揃うまでは緊張を解かない、というのが、リーダーとしての基本「技術」のような気がするのだが。

今回は「技術以前の技術」について考えてみる。

山行中の動作や行動を見ていると…

2月だというのに、登山口付近は雨。それでもみんな黙々と出発準備を始める。ただ、なんでこんなに…と思うくらい時間がかかる。こんな時にはさっさと動いた方がいいのだけれど、リーダー連中はどう思ってるんだろう。

「おい、早くパーティーごとに集めて、出られるところから出ろよ」

声をかけたら、やっと動きはじめた。この日は30人、5パーティー。私は全体の最後尾につく。

歩きはじめてすぐ、ひとつのパーティーの足が止まった。メンバーのひとりが邪魔になったストックをザックに取り付けようとしている。見ていると、後ろの仲間がザックカバーの片側を外して、ザックのサイドに差し込んでやろうとしているのだが、立ったままなのでふらふらと動いてなかなかうまくいかない。

「ザック下ろして、自分でやったら…」と、思わず口を出してしまった。

ザックカバーを外し、ザックの横にストックは固定できたが、今度は折りたたんだストックの長さがザックの丈より長く、ザックカバーがうまく被らない。ザックカバーなんてとってしまえばいいのに。

出発前にすべきことを、途中でパーティーの足をとめてやっている。余分な装備があったり、使い慣れていなかったりしておそろしく時間がかかった。ひとつひとつの動作が遅い。他のパーティーはずいぶん先に行ってしまっている。

地蔵岳で

進むにつれて気温が下がり、雪道はがちがちに凍って、靴底が滑るようになってきた。雨は雪に変わった。そろそろアイゼンをつけよう。

ザックを下ろし、アイゼンを取り出してつける。立ち上がって、さあ出発、これだけのことだ。が…。

まず、手袋のアウターをはずす。アウターを脇に置いて、インナーだけになった手でチェストベルトのバックル、次いでウエストベルトのバックルを外す（休憩してザックを下ろすときも、出発の際にザックを背負った時も、立ち止まってこの作業が済まないと次の手順にすすめない）。ザックを下ろし、ザックカバーを外して、ザックの口を開き、アイゼンケースを取り出す。ケースの中のタオルにくるまれたアイゼンを取り出して雪の上に置く（使ったあとに濡れたり泥で汚れたりしたアイゼンをタオルでくるんでケースに入れるというのはわかる。使う前もタオルにくるんでおく必要があるだろうか？ そういう手間を省けばもっと早く取り出せるはずだ。準備と手順の問題である）。アイゼンケースを再びザックに入れ、ザックの口を絞って雨蓋を乗せ、バックルをはめる。風雪の中で、モノが飛ばないように装備をザックの中に突っ込んでおいて、次の作業をするのはいいのだけれど、いちいちきちんと締めてバックルまでかけてからでないと次の作業に移れない。途中で取り出したいモノや入れ忘れたモノが出てきたら、またザックの開け閉めをくり返すことになるのだが。この要領の悪さも時間を食うモトになる)。

人を待たせて平気なメンバー 待たされても平気なリーダー

やっと、アイゼンの装着にかかる。一本締めとか二本締めとかいうアイゼンのバンドはとうの昔に博物館行きになってしまって、ワンタッチ、セミ・ワンタッチという金具、もしくは金具とベルトを併用した、容易に早く確実に装着できるタイプがほとんどだが、それでも手袋をはめたままではつけられないで素手になっているひと、左と右を間違えるひと、ベルトの締め方留め方がおかしいひと…結構多いんだ、こんなひとたちが。習熟できていないと時間がかかる（おい、まだかよ）。

やっとアイゼンがついた。ザックカバーをかけて、ザックを背負う。ウエストベルトのバックル、チェストのバックルをはめた。今度は手袋のアウターをはめて、と（おい、そんなの歩きながらでもできるんじゃないか？）。最後にピッケルを持って、「おまたせしました」ということになるが、これだけの手順が終わらないと歩き出せないメンバー、黙って、それだけのことが一通り終わるまで待っているリーダー、こういう関係が当たり前のようになっているパーティーが多すぎる。かくて、人を待たせて平気なメンバー、いくら待たされても平気なリーダーとで、どんな風や雪や雨の中でも自分の用意が終わるまでパーティーの足を止めたり、仲間を促すことなく立ち止まっていたりすることにまったく危機感も罪悪感もおぼえないままの登山者の一群ができあがる。

リーダーというのは、ただ、パーティーの後ろについていくだけではない。天候の変化や時間の推移もみて、メンバーの尻を叩くことも役割のうち「技術」のうちである。

この日、山頂周辺は風雪とホワイトアウトで、早々に下山したが、一緒に登った仲間たちがどれほどこの天候の変化とパーティーの動きに危機感やコワさを覚えていたのだろうか。

私はそれほど気が長くはないし、命も惜しい。装備をすぐに取り出して使えるような工夫、何をどのようにすれば、少しでも早く次の行動に移れるかを考えたり、実際に無駄を省くように準備することは大事である。日常の山行の中で、一つ一つの動作や行動などをあたりまえに素早く的確にできる技術、技術以前の技術とでもいうべきことをできるようになるトレーニングが必要だと思う。自分の置かれている客観的状況「いま、そこにある危険」を知ることができることもたぶん、その技術のひとつではある。

みなさんの会の山行中の行動はどうだろうか？

（二〇一五・四）

COLUMN

目の中に入れても痛くない

ベーシック・ミニマム

戸隠のスキー場で落とした時はついに見つからなかった。

滝谷の岩場でアブミを掛けかえようとしたら、最下段のナイロン・ロープの端が跳ねて、パシッと顔に当たり、急に視界が狭まって遠近感がつかめないホールドを半ば手さぐりしながら登ることになった。

ヨーロッパの氷の洞窟でこれから出発、というときに落としてしまい、息を殺して雪の上に這いつくばった。奇跡的に見つかったときには、これから先の行動を断念しかけていた相棒が、私より大喜びした。

富士山の五合目では、風と土埃に泣かされた。

コンタクト・レンズの話である。時には、うろこが落ちるように目からポロリと落ちてしまうこともあるが、私にとっては、目の中に入れても痛くない（？）ほど大事な日常生活のベーシック・ミニマムである。

しかし、登山装備のベーシック・ミニマムには入っていない。

2015年

12 ネットと登山

昨年の暮れのこと。私たちの会は、冬山合宿を南アルプスの鳳凰三山周辺で実施した。メンバーは六人。アプローチの足には全員が一台に乗れる4WD、スタッドレスのレンタカーを調達した。

「足もとは完璧です。ナビも行き先をばっちり打ちこんどきました」

運転手役はけっこう車や電子機器に詳しい仲間だったので、大船に乗ったつもりで走り出したのだったが、韮崎を抜けて御座石鉱泉に向かう手前で、ナビの画面にゴールのフラッグが立ち、案内を終了してしまった。くだんの仲間は、

「あれ、おかしいな。もういっぺん入れ直しますから…」と、目的地を打ち込みはじめた。

「ほ・う・お・う……」

「おい、ちょっと待て！　山の名前打ち込んでどうするんだ？」

爆笑!!　無事、御座石鉱泉に到着したのだけれど、山の名前を打ち込まれたナビもちょっと困ったんじゃないか、と思う。

活字とプリントアウト

「加藤文太郎という名前を知っているひと？」数人の手が上がる。

「じゃあ、ヒラリーは？」

パラパラ。モーリス・エルゾーグは？　田部井淳子は？　ラインホルト・メスナーは？……あー、これじゃあ多分、ウェストンも小島烏水《うすい》も知らないわな。

愛知県連の登山学校が始まった。4月から9月までほとんど毎週、理論講座と実技が繰り返される。その初日は終日、入校式も兼ねた理論講座が行われるが、

「こんなことは知らなくても山に登れるけど、労山の会員なら知っておいてほしい」ということでカリキュラムの最初に設けられているのが「労山運動の理念」である。労山がどのような状況の中でなぜ生まれたのか、どんな存在である必要があるのかを語るためには、社会的背景と近代登山の歴史を知らなければならないのだが、最近はそれらを知っているひとが少なくなった。

おそらく、本を（というより、新聞なども含めて、活字を）読まないひとたちが増えてきていることが大きいと思うのだが、仕方がないので、数年前から話の糸口として、自分の本棚の本を適当にみつくろって作った「山の本のリスト」を最初に渡して読書をすることを促すようにしている。古典、ノンフィクション、紀行、小説ほか、１５０冊前後。多くは現在でも手に入る本だ。

で、話は、みんなが本を読まない、活字媒体は売れない時代だといわれている、あの山岳雑誌をつぶしたのはみんなが本を買わなかったせいだ、などという愚痴になるのだが、実は問題にしたいのはそのことではない。

活字を読まない、ということはガイドブックも読まないということだろう。ガイドブックを開いて、山域の概要をつかみ、地図を開いて、目指す山のコースを調べ、高低難易、交通機関、そして日程などを比較検討して計画を立てる、などという手順で山に登ろうとする登山者がどれくらいいるのだろう。多分、ネットから引っ張り出した情報を頼りに山に登っているひとたちは多いはずである。

だいたい、パソコンに向かって山名を打ち込めば、「行ってきた」「オレも行った」なんて記事がワンさと検索できてしまう時代である。そこには、登山口から歩いたルート上の特徴的なポイントが写真入りで紹介され、コメントが付されている。

昨今は、インターネットで検索したこれら山の「記録」をプリントアウトしたものをガイドブック代わりに、山に出かけているひとが多くなってきているようだ。

いくつかのサイトを除いて、多くの「行ってきた」サイトには、地形図や概念図がないか、あっても自分たちが歩いた部分だけを切り取って掲出されていて、山域や周囲との位置関係がわからないかわかりにくい。

ネット写真の確認作業で山頂に着いてしまう

地形図もまた、ネットから簡単に取り出すことができるようになった。当該の山の部分だけを取り出してプリントアウトすることが可能である。かつての2万5千分の1地形図のように、何枚かにまたがったり、山に隣接する市町村を表す図がほとんどを占めていたり、ということもなく、登る山だけを見るのには効率がいいのだが、登山口や山が何県のどんな位置にあるのか、ということや、最寄りの都市や駅、周辺にあるものとの位置関係を把握することが難しくなった。どの道を通っていくか、ということを知らなくても、家から車のナビの示すままに走れば、登山口に立ててしまう。道路地図も不要である。ただし、ナビがあっても街中で道迷い遭難することもないわけではないが。

登山講座で

登山口からは、地図なんか見なくても、磁石なんかなくても、プリントアウトの山行記録にあるポイントごとの写真とコメント通りに進んでいけば事足りる。「おお、ここだここだ」と写真と現地のポイントを照らし合わせ、確認する作業をしていくうちに山頂に着いてしまう。下山もまた、プリントアウトの記述(へタをすると道を間違えても、「この道も行けそうだ」と書かれたコメントを見て、確信犯的に「予定」とは違う道を下っても「終わりよければすべてよし」で、それらもまた、「行けた行けた」という書き込みになって情報交換のネタなんかになったりする)を裏付けするだけで終わってしまう。かくて、「プリントアウト登山者」のネットワークは一層拡大していく、そんな気がする。

事前に地図とガイドブックを開いて、自分が登ろうとする山の位置、地理的特徴や高低差、コースの概要、必要な時間などを把握し、計画を立てるその準備のプロセスにわくわくし、登山口に立って、地図と磁石片手に、ガイドブックの記述を思い返し、次に何が現れるか想像を膨らませ、どきどきはらはらしながら一歩を踏み出す、周囲の山川草木に思いをはせ、あえぎながら登り切った山頂の眺望や山座同定に心奪われる、そんな登山の楽しみが、単なる写真と現地との照合作業をするだけのポイント通過ゲームにとってかわってきてはいまいか。

地図読みが大切だ、とさまざまなところで取り上げられながら、事故統計の中で最も多い40％以上を道迷い事故が占めているのは、こういう登山の傾向と無関係ではないような気がする。

便利な世の中になったが、ネット頼みの登山は、人間が自然に働きかけて、そこから何かを受け止める、いわば感性の反映として成り立つ登山とは対極にあるような気がするのだが、どうだろうか？

（二〇一五・六）

COLUMN

スリング

ドイツ語読みで「シュリンゲ」と呼んでいたのだけれど、最近は英語読みの「スリング」が一般的だ。

かつてはナイロンロープやテープを適当な長さに切ったものを結んで輪にしたものだったが、今は末端をあらかじめ縫い合わせたソウンスリングが主流となり、素材もダイニーマなど軽量で強靭なものに変わってきている。

私の机の前に一本だけ、使えないけれど捨てられないテープスリングが掛けられている。

ヨーロッパ・アルプスのグレポンを登る前に、シャモニの用具店でナイロンテープを購入し、それを切って結び、十何本かのスリングを作った。ピークから懸垂下降を繰り返すたび、支点ごとにそのスリングを一本ずつ捨て縄として掛け足して置いてきた。氷河に降り立ったとき、最後に残った一本である。これを見るたびに、テラスに腰を下ろして眺めたシャモニの暖かそうな灯とあの寒かった一夜を思い出す。

13 忘れ物

ある年の氷雪技術講習会の実技で、パーティーの共同食料をまるまる集合場所に置いてきた受講生がいた。冬の稜線でテントを張って、食料がない、となればどうなるか……。

別の年の実技ではこんなこともあった。夕食時、盛り付けられたものを、口に運んでいて気がついた。

「ん？　今日はヘルシーだな。野菜鍋か？」

準備は受講生におまかせで、コーチは献立を知らされていない。受講生たちはときどき顔を見合わせながら下を向いている。何か様子がおかしい。「今日の献立はなに？」

問い詰めると、「鶏ごぼう鍋……の鶏肉抜きです」やっと白状した。要は、鶏肉を忘れたということか。ヘルシーなわけだぜ。

こんなのは大勢に影響はない、が…。

今回は忘れ物の話である。

またしても……

四月、合宿前、岩場でのトレーニング山行に出かけたのだが、駐車場に着いたとたん、メンバーのひとりから、「すみません！　ヘルメットとハーネス忘れました」と申し出が。

「何しに来たんだ？　普通ならここから帰すところだぞ」と言いつつ、私の装備を貸してしのいだ。

五月、登山学校の実技で。現地の駐車場で出発準備をしていたときに、受講生のひとりが、

「ヘルメット、忘れました。今日は自己責任ということで、なしで行っていけませんか……」

「そんなわけにいくか！　自己責任なんて話は通用しない。必要だから装備の中に入っているんだ。持っ

ていないことを知りながら登って、事故でもあれば、〝それは本人の責任だ〟じゃ済まない。起こりうる危険を知りつつ、そのままパーティーを出発させるわけにはいかないんだ。ホントならここに残すか、帰ってもらうか、だな」で、結局、ここでも私のヘルメットを貸してなんとかなったのだけれど。

スタート前なら対応のしようもある。でも、山に入ってしまってから、忘れ物に「気づかれる」と始末が悪い。県連盟の冬や春の合宿でも、ピッケルやアイゼンを忘れた、とか、マットを忘れた、ゴーグルを忘れた、とかいうパーティーの報告も少なくない。

スタート時点で、半分遭難したようなものだと思うのだが、それでも当該パーティーは行動を開始し、「行ける」ところまで「行ったのだ」という。積雪、気温、その他さまざまな条件を読んだ上での判断だと言うのだが、結果に助けられているだけのことが多い。果たして、本人は、この忘れ物を、ここまで大変なことだと認識しているだろうか。パーティーのリーダーも、メンバーも、出発を前にして引き返したり、計画を断念するほどの大変な事態だ、と感じているだろうか。

「だって行けたもの」「なんとかなったね」で、済んでしまうことが多そうである。こうした結果オーライの受け止め方、判断の甘さが、忘れ物がどんな結果につながるか、という想像力をますます鈍化させる。

それから二週間後、同じく登山学校の実技で、一泊二日のテント山行を実施した。

一日の行程を終えてテントを張った。鈴鹿の深奥部、登山道から離れた静かな別世界でのテント生活も楽しい。みんなで夕食作りが始まった。

実技山行なので、準備段階から食事の献立、材料の買い出し、当日の調理も受講生におまかせ、だったのだが、

「あれっ？　主食がない！　この袋に入っていたはずなのに」

「だから、集合場所で、ひとつひとつ共同装備について確認したでしょ？」

「はい、あの時にてっきり入っているものと思い込んで……」

「その、はず、とか、思い込んで、はだめでしょ。まあ、しょうがない。明日の朝のパンや行動食でも食えばいい」

天気もいい、気分的にも余裕がある。それぞれのメンバーのザックからは、行動食や、翌日分の食料なんかが出てくる。パーティーとしてのスケール・メリッ

夕食を囲む

トとでも言うもので、誰かが何か持ってきている。一回分くらいのことはなんとでもなる。しかし、飴玉でもしゃぶって数時間、空腹を我慢すれば、下界に下りてくることのできる山域での話なので、なんとかなっただけなのだ、たまたま。

これが積雪期の山行中の出来事であったり、まだ数日の行動が残されているような山行の途中であったりすれば、笑っては済まされない。忘れたことを責める、というより、忘れたら大変なことになる場合もあるということを認識すること、自分の責任の重さを自覚することが求められる。

言うべきことを言うのは苦痛だけれど……

こんな失敗は、何度も繰り返されて、その都度、笑い話のネタになるが、それで済ますワケにはいかない。コトはトレーニングとか講習会とか、学びの場でのことである。出発するときから下山するまで、行動と生活の全部が、受講生が身につけるべき課題だと思っている。岩場で行動できるためのトレーニングということなら、そこで行動するスキルはもちろんだが、そのために必要な装備は何か、何のために必要か、それを準備すること、携行すること、装着すること、使いこなすこと、それらができてはじめて行動に繋がっていく。食事であれば献立から材料の調達、分担から調理まで一連の流れが「学習の機会」なのだ。つまり、「必要なものを忘れてくる」ということ自体が、もうすでに学んでいない、ということになるのだろう。リーダーもコーチもメンバーも受講生も甘い。だんだん甘くなってきている。

忘れたメンバーに、他の受講生が、「忙しいあなたに、全部、頼んでしまった私たちも悪いのよ。申し訳なかったね」と慰めていたが、お互いの麗しい仲間意識というか、友情というか、それはそれでやってもらっていい。けれど、パーティーの食料を置いてきた、という事実とは別で、それについては、きちんと指摘しなければならない。

「どういう事情があるにせよ、自分で引き受けた以上、責任は果たしてもらわねばならない。たとえ、忙しかろうと、それは忘れていいという理由にはならない」ということである。

ここ二か月の間に立て続けに、こういう場面に出くわした。こんな場面はいっぱいあるんじゃないだろうか。そこでは、当面どうするか、という対処が求められるのだけれど、本人にもそれがどういうことか、真剣に考えてもらうような対応がなされているだろうか？

言うべきことを言うのは苦痛である。でも、あえて、それを言うことが大事だし、それを言う、言われる、ことができるのが山岳会だと思うのだけれど。

（二〇一五・七）

COLUMN

最強のベーシック・ミニマム。憲法。

「いつでもどこでもどんな場合にも」最小限携行していたい登山の装備としてのベーシック・ミニマム。その多くは、この日本という国に住んでいて、お金さえあればすぐに手に入れることのできるものだが、中には、「理解」とか「認識」とか「スキル」も持っていたい「モノ」として数えることがある。

最近、その「モノ」のひとつ（というよりは登山の大前提）として「憲法」を挙げる必要があるかな？　と思うようになってきた。登山道具と一緒にするな、と叱られそうだが、いつでも登山ができて、これほど世界中の登山用具がよりどりみどりで、必要な情報もすぐに集められるのは、日本が70年間、ただの一度も戦争をしてこなかった、という理由による。

いま、「日本を戦争のできる国」にしようとするアベ政治のおかげで、私たちの国は、相当にキナ臭く危うくなっている。平和でなければ登山なんて文化・スポーツを追求することなどできないし、戦争ができる国で、人間の尊厳、権利など守られるはずがない。

私たちの「登山」は、憲法に謳われている戦争の放棄はもとより個人の尊重、生存権の延長線上にある。世界に誇るべき「日本国憲法」は最強のベーシック・ミニマムである。登山者はそれを手放すことのないよう、率先して「戦争法案」に反対の声を挙げるべきだろう。

14 沢登りを考える

「詰め切るとお花畑に出るんだってさ、行ってみようか」

そんな軽い気持ちで出かけた八ツ・阿弥陀岳の立場川本谷。入渓した地点は伏流になっていて、まったく水がなかった。これ、本谷だよな？ と疑いつつ遡行をはじめたのだったが、しばらくは大きな滝にも、目を瞠るほどの渓谷美にも出会わなかった。

やがて谷が狭まり、ゴルジュ帯に入ると、両岸が迫り、真っ暗な洞窟状になった岩盤の上を水が流れ、深い釜の先には滝がかかっている。通過は難しい。右岸の草付きから切り立った崖を樹木につかまりながら高巻いて、沢筋に戻った。

源流部までは何ということもなく詰めあがって、さあ、お花畑だ、と期待を膨らませたのだが、待っていたのはアザミの群落の通過とハイマツ漕ぎであった。おい、お花畑って…これか？ 源流部から稜線までのチクチクとガサガサが核心部だったのかも知れない。へろへろになって中岳のコルに出た。

「あんなとこ、もう、二度と行くか！」というのが全員の感想であった。

美しくて楽しくて危険

昨年、鈴鹿の愛知川《えちがわ》本流を遡行した。愛知川は鈴鹿中部の代表的な山々に端を発する三本の河川の水を集めて琵琶湖へ注ぎ込む大きな水系である。その特徴は、大きな滝はないが、長い廊下と瀞（とろ：水が深くて流れの緩やかなところ）が連続する美しさにある。

高巻きをしないで、流れについて遡行することができるかどうかは水量による。水量が多ければ瀞の通過も困難さを増す。手帳をにらみながら、渇水期を狙って入渓したのだったが、その二日後に梅雨入りが発表された。間一髪のタイミングでトレースすることができたのはラッキーだった。

その昔、中央アルプスで、途中から沢登りが雪渓歩きに変わってしまい、地下足袋でキックステップをして稜線まで登るハメになって、「水虫が風邪ひくぜ」と笑いあったり、別の沢では背丈を超える猛烈なヤブを漕ぎながら、「ここで俺たち、帰れなかったら、誰も見つけてくれないだろうな」などと弱音を吐き合ったり（その10分後には登山道に抜けて大喜びしたのだけれど）したこともあった。

北アルプスでの、流れのところどころに残るスノーブリッジを超え、雪渓を詰め切って、緩やかに広がった斜面を埋め尽くすお花畑に飛び出した時の驚きは忘れがたい。大峰の沢では長い淵を泳いだり、滝壺の渦に巻かれそうになったり、美しくもスリリングな遡行の後、長時間の林道歩きで足にマメを作ってしまって不覚をとったりした。

振り返ると、私の沢登りは登山道を歩くのとはまた違ったハラハラドキドキや美しさ、失敗がいっぱい詰まっている。


沢登りは、美しく変化に富んだ渓谷を持つわが国特有の自然条件の中から独自に生まれ、発達した登山の一形態だが、天候と季節、それらがもたらす水量と水流によって、沢の表情が変わってくる。滝や廊下、渕などの突破や高巻き、岩を飛び、ジャブジャブと水の中を進んでいく楽しさなど、さまざまな要素を持っている沢だが、その大小難易にかかわらず、沢登りには楽しくて美しくて、しかも「危険」が潜んでいる。

自然の怖さ、自然に対する畏れを

「キミ、この沢初めてじゃない？　一緒に行くメンバーは沢登りそのものが初めてだろ？　全くの初心者連れてくのに、初見の沢ってのは避けてほしいな」

会員から出された沢登りの計画書に難色を示したことがあった。

初めて沢登りをした仲間は、ほとんどが口を揃えて、きれいだった、面白かった、また行きたい、と無邪気に感想を述べる。彼らに何も危険を感じさせることなくリードして（実は、入渓すること自体が危険であることに気づいていないだけなのだが）、楽しい一日を体験させることができれば、仲間を沢登りの面白さに目覚めさせようとする目論見は成功である。そんなときの山域選びは大事だ。力量の揃った経験者たちが初見の沢に挑むのはけっこうだが、登攀具の使い方も岩の登り方も十分に知らない初心者を連れて行く場合には、前述のような指摘は、沢登りを計画するうえで、注意すべきことのひとつだ。

　あわせて、遡行したことのある沢であっても、経験者の数と初心者の数は考慮したい。経験者が一人とか二人で、多くの初心者を伴って入谷したり、ひとりで複数の初心者を連れていくなどというのは（沢登りだけではなく、岩登りでも同じだが）避けたい。沢で起きる事故は少なくない。

沢登りは楽しい

　たとえば、「回復基調だという気象情報を頼りに遡行を開始したが、天候は回復せず、増水した沢を登り続けた。源流部からはヘッドランプが必要になった。途中で電池交換をした際にヘッドランプが故障し、相方のヘッドランプだけで下山を続けたが、速度が落ち、登山口に着いたのは深夜だった。気温も下がっていて低体温症の危険もあった」とか、「源流部の浅瀬で足首をひねった。テーピングで固定し、仲間に付き添われて登山口まで幸い自力で歩けたが、骨折していた」とか、「滝を登ろうとして滑って沢床に背中から落ちた。普通ならザックがクッションになってショックを吸収してくれそうな高さだったが、ザックに入れていたガス・カートリッジが背中に当たり（うわ、痛かっただろうなぁ）、腰椎のはく離骨折で入院した」とか、「蜂に刺された」、「熱中症にかかって動けなくなった」などの報告もある。死亡事故も多い。

　それらが、一般の登山道のように普通に歩いて上り下りすることが困難な地形の中で起きたら、事故者を一人や二人で搬出できるか？　自分が動けなくなったら、同行メンバーに果たして対処できる力があるか、ということだ。何よりも、連れていくメンバーが沢登りの危険をどれほど認識しているか？　が問われる。

暑い夏、沢登りは、水の中で行動する爽快感や楽しさに加えて、登山の技術や五感を自然の中で総動員する遊びである。それだけに、自然の怖さも、何が起こるかわからないという畏れも忘れることのないようにして臨みたいものだ。

（二〇一五・八）

COLUMN

ドライレイヤー

汗を外に出し、いつも肌の表面を乾いた状態に置く、という直接肌に接する部分で着用する登山ウエアのひとつ。

おそらく、その上に重ね着をするウエアを替えて、年がら年中着用しているひとが増えつつあるような気がする。

私も冬からの流れで、いつも中に着込んでいたのだが、先日、「今日は暑くなりそうだナ」と、ふと思って、これを着ないで、二千メートル峰に出かけた。

登り始めは、予想通り汗だくになって、時折山腹を通り抜ける風に生き返った感じがしたものだが、山頂に近づくにしたがって、風の涼しさは寒さに変わり、汗に濡れたウエアが冷たさに変わった。

これまで何気なく着ていたときには、涼しさと寒さとの振幅が小さく、冷たさは感じることがなかったので、迂闊《うかつ》にも、ウエア一枚にこれほど大きな違いがあったことに気づかなかった。あのペラペラの化学繊維がものすごく大事に思えてきた。

当たり前ではないことが当たり前になっていたことに気づいた瞬間。

15

なぜ、「安全」「危険はない」と言い切れるのだろう？

遡行を終えて、最後の詰めの尾根を登っているときに、メンバーの一人がコロコロっと、落ちた！　不幸中の幸いで、ザックとヘルメットに守られ、擦り傷と打撲だけで済んだが、何が起きるかわからない、ということを絵にかいたような事故で、青くなった。

「これからは（ロープを）張らなきゃいけないですかねぇ」

「うーん、となると、全部張らなきゃいけなくなりそうだな。ここで張る、ということになると、沢なんか来れんで。他の連中も、いつもここでは張るんだ、と短絡しちゃうと困るし……。こんなところも平気で歩いてもらえるようになってほしいんだけどな」

危ない、と感じたら、確保などでその危険を未然に取り除く対応をすることは当然のことだが、普通に歩ける場所でいつも確保が必要だということになれば、その山域はその登山者の身の丈にはあっていないということになる。聞けば、尾根に伸びていた木の枝を、前のメンバーはまたいで通ったのだが、自分はまたがないでも通れると思いこんで樹木を回り込んで、路肩を踏み外したのだという。技量の問題か、気の緩みか、疲れか……などと思っていたのだけれど、これまで前のひとの踏み跡を意識しないで歩いていた、という登り方をしてきた点に問題がありそうであった。どこにでも事故の芽は潜んでいる。

ワリバシ一本でも……

「雪渓を登っていく計画ですが、ピッケルとアイゼンは？」

「今回はキックステップで行こうと思ってます。ストックは持たせますが……」

「雪渓は、登りよりトラバースの方が心配ですね。岩に取り付く前に出てきたやつを渡らなきゃいけない、なんてときは……」

「何もないと、ワリバシ一本でも欲しい、そんなときありますものね」

よくわかるなぁ、この気持ち。こんな言い方はワラにもすがる思いを経験したことがないと出てこない。当然のことながら、雪渓にワリバシなど刺してもほとんど助けにはならない。体重を支えてくれたり、確保支点の代わりになるわけでもない。でも、何も手掛かりのない場所で、ほんの小さな取っ掛かりにそっと手を置いてバランスを取りながら、踏み出した足にじわーっと体重を移し替える、その緊迫した思いと空気を、ワリバシというたとえで伝えることができる感性が面白い。

以前、北穂高岳の東稜に取り付くときに、思わぬ雪渓にぶつかったときのことを思い出した。つるりとやれば止まるところのない場所で、ピッケルもストックもなく、アプローチシューズで対岸にトラバースすることを余儀なくされたのだったが、あの時のメンバーの表情ったらなかった。ああいうのが「ワリバシ一本でも」という場面なんだろうな。

夏合宿前。各会が合宿計画を持ち寄って問題点や情報を共有する場である連絡会議の場でのことだ。

会議では、昨年南アルプスへ入ったパーティーがアプローチで何度も落石に遭ったので、ヘルメットを持って行った方がいいよ、というアドバイスや、登攀に携行するロープの長さ、本数はこれでいいか、という質問、メンバーと登攀用具を絞り込みながら、アイゼンの携行については、メンバーの力量を見て決める、としている計画書記入のアンバランスさ、ツェルトの数量のバラつき（サイズ、個人装備か共同装備か、という認識が同じ会でもパーティーによって違う）やその意味と役割（なぜ必要か、どのようにして使うか）についての理解が不十分だという指摘があった。また、10人を超えるパーティーにもかかわらず、一つのパーティーで、CL（チーフ・リーダー）、PL（パーティー・リーダー）、SL（サブ・リーダー）を複数決めてあるだけで、全体の指示系統、役割が不明瞭であるだけでなく、果たしてこの大人数でパーティーとして機能するか、などの疑問が、出席者から出された。

中でも気になったのは、ひとつの会のパーティーから「この計画は、メジャーなコースの縦走なので安全だと思いますが……」という前振りで計画の概要が報告され、もうひとつの会のパーティーからは、計画の概要とコースが説明されたあとで「危険のないコースだと思います」と結ばれたことだった。

バリエーションの計画の多い中で、そうではないポピュラーなルートの縦走計画であることへの引け目か、本当にそう思っているのか、アルプスからはずれた山域を歩く計画であることへの自信か慣れか見栄か、はわからない。マクラか落ちか、どちらかひとつを聞いただけなら聞き流したかもしれない。しかし、「安全だ」「危険はない」と老舗の山岳会の会員が口を揃えてこうのたまったので、少々腹が立ってきた。

「それは違うんじゃないか」

何をもって「安全だ」「危険はない」と言い切れるのだろう。だって、この会議そのものが、お互いの計画を出し合い、問題点や課題、疑問点や指摘事項、最新の山岳情報などを共有して、不安定な要素を事前にできるだけ取り除いて危険を回避しようとする場なのだ。はじめから安全であったり、危険でなかったりすれば、ここに来る必要はない。誰も、どの計画をとっても、それが、いくら考え準備されたものであっても、完璧であるとは言い切れない。計画書そのものの要件は揃っていて、記載事項がパーフェクトであっても、それを実行に移すのは人間である。メンバー、天候、体調、山のコンディション……如何で、それはパーフェクトではなくなる。安全だ、危険はない、という保証はどこにもないのだ。だから事故が起きる。

ましてやメジャーな山域であるとか、慣れた山域であるとか、高低、ルートの難易度にかかわらず、自然の中に分け入って登山する限り、安全なことも安全なところもない。そのことをいつも念頭に置いて、畏れをもって山に入ることこそが大事なのではないか。あの、「ワリバシ一本でも」欲しいという経験をした仲間は、どんなルートであっても、多分、「安全だ」「危険はない」とは、言わないだろうと思う。

合宿の準備はできた。あとはひとりひとりの登山者の意識の準備をするだけだ。

難しいんだな、意外と、これが。　（二〇一五・九）

16

ネット登山の落とし穴。山岳会では……

ひっそりとした岩の間を縫っていると、上の方から時折、歓声が聞こえてくる。最後のひと登りで岩の間からひょこっと祠の裏に飛び出して喧噪の山頂に立つと北鎌尾根は終わる。仲間と握手を交わし、祠の前で写真を撮ろうとしたら、「私たちの番ですよ」と、順番待ちをしている女性から抗議された。「あ、どうもすみません」、前を見ると、祠に向かってカメラやスマホを持った登山者の列。昨今の「ヘルメット着用推奨山域」の浸透か、みんながヘルメットをかぶっているので、ヘルメットは北鎌尾根を登ってきたパーティーのトレードマークではなくなった。

以前は、祠の裏から頭を出すと、山頂に立っていた人たちが拍手や、あ、北鎌からですか、とか、大変だったでしょう、などというねぎらいの言葉で迎えてくれたものだったけれど、近頃は、行列に横入りしてきた無作法な連中程度の扱いしかしてもらえなくなったようである。

今回は、山の世界の様変わりのお話。ただ、自分たちの足もともそういう話とは無関係ではない、ということを考えてみたい。

同行者はネットで。現地集合。便利！

時刻も15時を大きく回っている。「さっさと降りようぜ」と、仲間をうながしたがすぐには下りられない。槍の穂先からの下山もまた順番待ちであった。

肩の小屋の前では、全員がピカピカのヘルメットをかぶり、山道具のカタログから抜け出したような登山ウェアで身を固めた若い男女のグループが、ビールを片手に、「槍ヶ岳登頂を祝して乾杯」「やったぁ」「ばんざぁい」などと歓声をあげている。どこかのツアーか、何かのグループだろうか、登山のパーティーというよりは、合コンのノリのような気もする。

にぎやかな肩の小屋を後に、今日のテント場、殺生ヒュッテへ下りはじめると、こんな時刻だというのに登山者が三々五々登ってくる。歩いたり立ち止まったり。間隔もペースもバラバラである。「こんにちは」と挨拶しても返事がない。はたと思いついて、言葉を変えて道を譲ると案の定。「アンニョンハセヨ」「カムサハムニダ」のすれ違いは殺生まで続いた。彼らの今日の目的地は槍の肩、また明日も朝早くから穂先への渋滞が続くのだろうな、と思いつつ足を運んだ。そういえば昨日は、西欧系の外国人ばかり10数人のパーティーが下ってくるのにすれ違った。昨今、外国人の登山者も急増している。

この山に出かけてくる前に放送されたTV番組を思い出した。ネット登山の話である。

ネットで同行者を募り、現地に集合して即席のパーティーで山に登る人たちが増えている。しかし、ほとんどが初対面で、メールでの自己紹介や山行歴からは実際の登山の力量や経験を把握することは難しい。登り始めてから体力不足であったり、リーダーの指示に従わなかったりなどの問題が起き、結果としてパーティー全体が危険な状況に置かれるケースもあるという。また、自分の派手な成功体験が注目され、短時間で難しいコースを制覇するたびに評価が高まるネットへの投稿を続けるうちに、山を楽しむことよりも、注目を集めるために、より無理な山行をするようになり、体調を崩してしまったという例からは、ネットは居心地のいい空間である反面、目的を見失ってしまう怖さがあるという反省が導き出される。

その一方で、ウェブで募った仲間同士で費用を負担し合って登山ガイドを雇って入山し、「安全対策に力を入れ」ているというグループや、個人の登山記録を紹介するサイトが、それまで載せてきた入山ランキングのコーナーをやめ、危険情報や事故のリスクなどを訴えるページを新設したり、計画書提出をうながすシステムの利用を呼びかけるなど、安全対策へシフトしてきている動きなども紹介されていた。

似たようなコトが起こっていないか？

先日、県連盟の遭対の会議で、「提出された計画に、各会ではどのようにブレーキをかけているか？」とい

準備と対応　日ガサとしても

う質問が出た。最近、ホームページを見て入会してくる会員が増えて、そのひとたちの力量を山行管理担当者が把握する前に計画が提出されてくる、リーダーの力量から判断しようとしても、知らないメンバーがリーダーになっていて、計画が力量に見合ったものかどうか、をチェックするのが難しくなっている、という「悩み」であった。この辺りはネット登山と軌を一にしているように思える。

　会の機関紙に、「最近は体に余裕がない、というのか、いつも体調を気にしながら、なにかに急き立てられ、追い立てられるように山登りをしているような気がする。体力や体機能が落ちてきたこともあるのだろうが、そういうこととはまた別に、周囲のペースに翻弄されているようでもある。ペースというのは〝歩く速度〞のことではなくて〝山行の頻度〞のことだ」と書いた。私は会の山行管理担当者でもあるので、毎日のように会員から山行計画書が出されてくる。手渡されたり、郵送されたり、夜中に家のポストに投げ込まれていたり……山に行くこと、行けることはいいことなのだけれど、計画書に記入されたメンバーの顔触れや頻度、山域をみていると、のべつ幕なし、競争のようにして山行をしているような感じを受けるものも多い。山行報告も、その山がどうだったか、どのようにして登ったか、ということより、あそこへ行ったここへ行った、何週連続で入山している、ということに関心があるようにみえる。

　山行回数や体力やスキルの問題に終始してしまうと、山行そのものから知性が欠落してしまう。ネット上のランキングなんかと同根のような気がするのだ。

　みんなで費用負担をしてガイドをつけるという方法も、発想としては面白いが、これからどこへ行こうとしているのだろう、と考えると手放しで評価もできない。ネットで募った「イベント」を安全に成功させる手段としてはよく考えられているが、日常的な個々の登山要求に応えるためには、こういう形でいつまでも同じところで足踏みしているわけにはいかないだろう。参加者の間口も山域も広がっていくだろうし、一人ひとりの要求も登山の形態も進化していくはずだ。登山用具などの学習会も定期的に行われているということだが、人間関係の醸成やパーティーとリーダー、メンバーの関係などは果たして形成されていくのだろうか、と余計なことを考えてしまった。合コンのノリでは登山はちょっと、なぁ……。

登山では、「行った」「私も行けた！」という体験ではなくて、こんな準備とこんな対応、条件が必要だという情報の選択、「行きたい」と「行ける」のとは違うという認識、自分がその山に登る力をもっているかどうかの把握、そしてお互いの力量を知る仲間と、パーティーをけん引できるリーダーが大事である。ネット登山の落とし穴は、山岳会の運営や登山活動とも無関係ではなく、同じように、どこかに口を開けていそうである。

（二〇一五・一〇）

COLUMN

傘。使うのは雨の時ばかりじゃないんだ

途中、メンバーの一人の足が動かなくなった。ピークは目の前である。ザックを下ろして、その場で休んでいるよう指示してピークを往復した。下ってくると、ずいぶん回復したらしく、握り飯をほおばっているところであった。

「休んだおかげで、回復しました。でも、ここは日差しをよけるところがなくて、暑くて暑くて……」

止まった場所は尾根上で、左右は岩と下草だけの場所であった。直射日光を遮るものはない。

「折りたたみ傘があるだろうが……」

「……」

返事がなかった。彼のザックには、折りたたみ傘は入っていなかったのだ。

「雨具」というと、カッパを思い浮かべるひとが多いと思うが、私たちの計画書の装備欄には「雨具（カッパ&折りたたみ傘）」と記載されている。カッパの素材は昔とは格段に進化してきているとはいえ、いまだにパーフェクトではない。それを補完し、組み合わせて使うことで濡れや蒸れを最小限におさえる装備として説明される折りたたみ傘だが、使うのは雨の日ばかりではないというお話である。

17

登山団体と「外」との接点

もう、ここまで下ってくれれば登山口は近い。

「ちょっと一本、立てましょうか」

休んでいると、年輩の女性登山者が登ってきた。

「ここからだと、大分かかりますよ。この時間なので、今からだと帰る頃には暗くなります。考えて登ってくださいね」

リーダーのNさんが声をかけた。

「はい、その辺まで行って引き返そうかと思ってます」

〝下のゲートが開くのが遅いんで、登りはじめの時間はみんなゆっくりなんですが、ちょっとこの時間じゃあね。ほんとに僕らが帰る頃から登りだす人もけっこういるんですよ。先日も山頂に登ったけど、下れない、とSOS出してきたひともいましたし、ね。余分な事かもしれないけれど、こうやって一声かけるのも、登山団体に所属している僕らの存在意義のひとつだと思ってやってるんですけどね。わりと気持ちよく聞いてもらえます〟

先日、四国の石鎚山に登ったときのことだ。四国で最も人気の高い山には、老若男女、実にさまざまな人たちが訪れる。外国人も多い。それら不特定多数のひとたちに安全のためにどんなことに気をつけるか知ってもらったうえで、山に入ってもらうことはそう簡単ではない。今回は、山岳団体と、その「外」の多くのひとたちとの「接点」について考えてみる。

富士山の悩み

これも先日の話。全国自然保護担当者会議で、富士山をフィールドに、清掃活動をはじめ環境保全、森林保全や教育、広報活動などに取り組んでいるNPOの

石鎚山で

報告を聞いた。今年（２０１５年）のシーズン中の登山者数は、箱根の噴火、マイカー規制によるバス代、協力金などでお金がかかるようになったことで、前年の約28万5千人から約23万4千人と減ったらしい。それでも一シーズンだけでこれだけの登山者が入山する。登山経験がなくても一度は登りたい山として富士山をめざすひとや習慣の違う外国人が増えた昨今、登山装備を買い揃えなくとも、頭のてっぺんから足の先まで一式がレンタルできてしまうので、よけい入山が手軽になったのだそうだ。

準備がお手軽になった分、安全に対する意識、山の基本的な知識やルール、マナーを知らないままやってくるたくさんの入山者に、歩き方、トイレやゴミ問題、その他、登山する際に注意すべきことをどう伝えるか？　ということが、かのＮＰＯの悩みになっている、ということであった。一瞬、そうか、レンタルか、登山用品メーカーの陰謀か（失礼！）、などという思いが頭をよぎったが、私たちが意識すべきは、山岳団体が、圧倒的多数の未組織（非組織）登山者に知ってほしい情報や伝えたいことを周知する手段をいかに持っていないか、ということだろう。

山岳会や連盟の仲間ウチなら、情報を周知することは機関紙や限られた相手への連絡だけで済む。でも、組織外に周知することはそう簡単ではない。思いつくのは新聞、雑誌、ポスター、チラシ、ホームページなどで情報を発信するか、限られた機会を得て口コミや訴えをしていくことくらいか。日程や対象が限られた行事などの周知はまだターゲットを絞って広報できるが、登山する際に守ってほしい注意事項や安全対策などを不特定多数のひとたちに伝えていこうとするのは、相当に大変なことではある。

小さな接点からスタンダードづくりを

先日（またまた先日なのだが、これらはみな、ここ数週間のうちのできごとである）、私の所属する山岳会の登山講座で「下山の途中、他の登山者が登ってきた。すれ違いのときはどうします？」と受講者に聞いたら、「ザックを山側にしてよけるのだ、と、（実技で）教えてもらいました」という答えが返ってきた。

が、そういう教え方じゃなくて、「山側に立って道を譲る。その際、ザックが山側になるように立てば、登ってくるひとの邪魔にならない」という教え方をしてほしかったね。立ち止まって道を譲るのはルール、山側に立つのは、安全のための用心、ザックを山側に向けるのは、荷物がすれ違うひとの邪魔にならないようにする配慮だ。

道を譲る「ルール」とその「方法」、そして「マナー」の三つが含まれているわけだが、この教え方では、「方法」と「マナー」が短絡している。ザックを山側に、とだけ言えば、谷側に立ってザックだけ山側に向けて立つひとも出てきそうである。これだと、すれ違う際に、自分が谷底に落ちる危険もあるし、すれ違うひとにザックを向けて立つことになる。原則として登ってくるひとには道を譲ろう。その際、まず自分の安全を確保し、次いですれ違う人に配慮しようということだ。

会員と、基本から登山を学ぼうという受講者との間ですら、こんな理解になっているくらいだから、不特定多数のひとたちに「登山の安全」がどのようなものか、注意事項が具体的にどういうことか、ルールやマナーを伝え、理解してもらうのはそう簡単ではない。ましてや、登山団体は未（非）組織登山者の圧倒的多数だけでなく、外の世界との接点をほとんど持っていない。

私たちは本当に狭い世界で活動しているのだ。まずそのことを自覚しつつ、今、心ある仲間が機会あるごとに、外の登山者に語りかけているような、山に登るひとなら誰でも最低限知っていてほしい知識や技術をスタンダードとして確立させ、それらを、組織を超えてベースとして定着させていくことが急がれると思うのだが。

（二〇一五・一二）

2016年

18

冬山に入るプロセス

氷雪技術講習会の実技で、4人テントで「ガスコンロ一台、ガスカートリッジ二個で一泊二日をやりきる」という課題を出したことがある。雪を溶かして水を作り、食事を作ること、暖を取ること、そして行動時には非常用のベーシック装備としても携行することなどを限られた燃料の中でやりくりするには、ガスの使用量をにらんで献立、調理時間、使う水の量、テント内での過ごし方など、事前の準備やさまざまな工夫をする必要があるのだが、彼らの調理を見て慌てた。

雪を溶かし、水を作り……まではよかったのだが、次の段階でなんと、彼らは「米」からご飯を炊きはじめたのだ。受講生が食糧の相談をした先輩は積雪期の経験がなかったらしい。水と燃料をできるだけ使わず、短時間で食べられるような食材をチョイスすることも課題のひとつとなる。彼らにメニューをまかせっきりにしたのが大失敗であった。

カートリッジはまもなく空になる。明朝とその後の行動を考えて、燃料を残しておかねばならない。すぐにコンロを消させ、火の気のないテントの中で生ぬるい食物を口に運び、冷えたテントの中を温めることもせず、そのままシュラフに潜り込んだ。その夜の寒さといったら……。

冬山に入るプロセスについて考えてみよう。

初歩的な失敗の体験は大切

稜線でパーティーごとにテントを張った。ひとつのパーティーだけが誰も声掛けをしないまま、メンバーがてんでにテントを腰のあたりまで持ち上げてポールをスリーブに押しこもうとしていた。見ていて、「おい、あそこ、折れるぞ」と、思ったとたん、強風を受けていびつに膨らんだテントのポールが折れ、設営不能になった。急きょ、メンバーを他のテントに分宿させることで対応したのだったが、あれが本番だったら、彼らはどうなっただろうか。

凍傷の一歩手前とか、稜線でテントを失うことの恐ろしさとか、こうした事例をいくら机上で説明しても、自分でその場で体験することに遠く及ばない。

雪を探して

「大日は降ってるみたいですよ。あそこでウチの会は毎年雪訓やってるんですけど」

昨年の氷雪技術講習会のこと、直前になってそれまで実施してきた実技山域の情報が集まってきた。中央アルプスの宝剣岳周辺は道路工事中でバスが不通で入れない。御岳には雪がないし噴火の影響で登れない。西穂高岳はロープウエーが点検修理中だ。全滅じゃないか！　が、できることなら、中止にも延期にもしたくない。

両白山地・大日岳の麓のスキー場は、三日前まではまったく雪がなかったのに、人工雪を造りはじめたとたん、大雪になったらしい。で、急きょ山域を大日に定めて入山したのだったが、当日は道路の除雪が間に合わず、初滑りに来たスキーヤーたちの車がスタックして渋滞。やっとのことでゲレンデに到着し、最上段までリフトを利用して上がったものの、一歩スキー場の脇に出ると胸までの新雪。リフト乗り場から、いつもなら10分もあれば登っていける地点まで、ふわふわの雪をかき分けて20数人が登り切るのに1時間半以上もかかってしまった。積雪ゼロのゲレンデに二日で降り積もった１２０㎝を超える新雪

ラッセル

雪を踏み固めてなんとか……

では、キックステップもアイゼンワークもピッケルワークもあったものではなく、ラッセルと雪中の幕営生活、スノークラフトに終始した実技になってしまった。

　30年前には11月中旬には氷雪技術講習会の実技が可能だった。10月から氷雪技術を理論学習し、11月には実技で冬山の入り口に立ち、年内はトレーニング期間、そして年末年始の合宿で冬山本番というように、雪の便りを聞くころから厳冬期まで、知識も技術も、手順をきちんと踏んで冬山に入っていくことができた。

　昨今は、地球温暖化、世界的な異常気象、これまでの季節の移り変わりも天候の変化も、歳時記通りにはならず、雪が降るべき時期に降ってくれないことが多くなった。12月になっても積雪がなく、状況をにらんで、山域を変え、日程をずらしても、ある年には、申し訳程度の雪と土ぼこりの中でのアイゼンワークやロープワークになったり、ある年には降雪とホワイトアウトの中を命からがら逃げ下ってきたり、雨でびしょびしょの雪の中で行動技術の反復練習をしたり、前述のように新雪ばっかりということもある。氷雪技術の実技を過不足なくおこなえる条件が整う年はめったにない。

　こうまでして実施する意味があるのか、と思うこともないわけではないが、各会での冬山本番のあとに、冬山の入り口に立たせる講習会をやってもあまり意味がない。この講習会の実技の中での失敗や実体験は、本番を前に、無雪期とは違う条件の中でいかに動くか、過ごすか、そして生き延びるか、という冬山の基本を学び、身につけるための大事な機会である。いきなり厳冬期！　ではちょっと困る。やはりまず実技を体験したうえで、トレーニングや準備を積んで合宿という手順が望ましい。で、毎年この時期に雪と追いかけっこをすることになる。が、そろそろ、これまでのスケジュールでは対応しきれなくなってきている。

　冬山へのアプローチのための新しいプロセスを考えることが必要な時期なのだが……　（二〇一六・一）

19

要求掘り起こしと動きを作り出す

雪の山に出かけているけど、いいのかな。ピッケルやアイゼン買ったからって、雪の山に入れるってもんじゃないぞ」

で、昨年の二月、何年ぶりかで、「雪山入門」をテーマにした山行と、その打ち合わせを兼ねて机上講座の機会を設けた。

今回は、会の中での学習の機会を考える。

見よう見まねの危うさ

「ホライさん、これ、違ってますよね」

古参の会員から声がかかった。会のセミナーで、冬山を構成する要素と、そこから出てくる冬山特有の困難、それをクリアするために必要な知識と技術、必要になってくる冬山の装備について解説した後、参加者が持参したピッケル、靴、アイゼンなどを点検し、そ

「大丈夫かな、これで」

一昨年の年末から年始にかけて、会員から出てくる計画書を見て、ちょっと不安になった。ここ一二年の間に入会した会員が、けっこう雪山に入るパーティーのメンバーに交じっている。この季節は、近郊の1000mも雪である。彼らは県連盟の氷雪技術講習会にも参加していないはずだし、冬山が無雪期とどう違うか、そこからどんな困難が発生するか、それを克服するために必要とする知識や技術、装備についても、ここ何年か、会の中で冬山について、系統立てて学習する機会は作られていない。

それでも、計画書は出されてくる。彼らを「連れて」行っている連中が、きちんと冬山の基本について教えてくれているようには見えない。

「みんな見よう見まねで装備を買って、ほいほいと

のつけ方、持ち方などについて練習した。ここ数年、装備はアレがいる、こんなものを揃えるといい、という説明はされても、何のために必要で、どうやって使うか、はそれほど詳細に説明されてこなかったので、実技前のチェックの場でもある。見ると、ピッケルにつけられた肩掛け式のバンドの、肩にかける部分がピッケルの頭に固定されている。このピッケルの持ち主は、これまでどうやってピッケルを使っていたんだ。

「逆じゃないか、誰のピッケルだ？」

聞くと、退会した会員から山道具一式を譲り受けた会員が、その中に入っていたピッケルをこの日のセミナーに持ってきたらしい。それを見た先輩会員がバンドのつけ方が変なのに気づいた、というわけだ。つまり、このピッケルのもとの持ち主は、会員として雪山に入っていながら、冬山の基本についての系統だった学習の機会もないまま、その使い方も、おそらくは誰にも教えてもらったことがなく、したがって、ピッケルのバンドのつけ方が間違いであることも誰からも指摘されることがなかったのではないか。

こんな例を見ると、計画書のメンバーの顔ぶれを思い浮かべながら感じた不安は、それほど的はずれではなかったようである。

昨年の二月、厳冬期の終わりに急きょ実施した雪山入門山行には、比較的新しい会員を中心に15人が参加し、雪山での歩行技術や装備の基本的な使い方、雪のブロックの掘り出し、雪洞やイグルー造りなどを行った。雪山の入り口に立ってもらうことはできた、と思う。

会の中の〝学びたいという要求〟

そして十二月。「今度は厳冬期に入る前に実施したい」と、毎月一回、会で実施されている教育セミナーと定例山行を「雪山入門」の机上講座と実技にあてた。前回の状況から、山域も規模も同じくらいだろう、と踏んでいたのだけれど、今回はなんと30人を超える参加があった。参加者の顔ぶれは、①まったくの初心者、②雪山の経験はあるが、系統的に学んだことのない準初心者、③かつて積雪期の合宿などにも参加したことがあるが再度「おさらい」をしてほしい要再教育の経験者、④昨今はよく山に入っている一定の知識も技術もある会員たち、の四つである。④の中でも、きちんと教えることのできるメンバー、初心者を見ることのできるメンバー、一通り自分のことだけはできるメンバーなど、さまざまである。①〜③に分類したひとたちに④のメンバーを配置し、条件が許せば、パーティーごとに、基礎から応用までアレンジ可能なパーティー分けを考えることになる（余談だが、参加者の分類は、全員のこれまでと現況を知っていなければ難しい）。

「会ができたころは、冬山に入る人間が私だけだったので、雪山は楽しいよ、きれいだよ、とひとりずつ声をかけて、近くの山に無理やり引っ張っていって、冬山をやる仲間を増やしてきました。冬合宿のパーティーを会から出すのに三年かかりました。それを思うと、今日は30人以上も会員が参加してくれている。夢みたいなことで、時代も山も変わったんだな、という気がします」

みんなで記念撮影（西穂高口で）

　冒頭、こんな話をした。当初予定した山域に雪がなく、直前に西穂高岳周辺に山域を変更したが、山域につられて参加者が増えたわけではない。机上講座と実技（定例山行）をセットにした企画だったにもかかわらず、「学習」の機会として両方に参加した会員が30人以上もいたということである。会の中に、きちんと学びたい、学び直したい、という要求がこれだけ潜在的にあった、というのは予想外（失礼！）のことで、働きかけをすればそれに応える層が一定数いる、いや、こんなにいたのだということに驚き、喜びもし、新しい発見をした思いでもあった。

　今回の実技は、積雪量が少なく、無風の暖かい一日で、全員で西穂山荘まで登り、小屋の脇の斜面で、アイゼンとピッケルを使って上り下りを繰り返したにとどまったのだが、それでも基本をきちんと学ぼうと呼びかけなければ、こんな驚きも発見もなかった。労山ではないが、組織外の若いひとたちに向けて技術継承の動きをはじめた山岳団体もあると聞いている。

　それぞれの足元の山岳会でも、こんな機会を設けて会員の要求を掘り起こし、それに応えて会の動きを作りだすことも大事になってきていると思うのだがどうだろうか。

（二〇一六・二）

20
（テントで）一泊（小屋で）二食!?

年明けの北アルプス。テントの中でガス・ストーブを囲んでいると、「お食事を注文されたお客様、夕食の準備が整いましたのでカウンターまでおいでください」小屋からアナウンスが聞こえてきた。山小屋の宿泊客への案内なら、こんなに大きなボリュームは必要ないんじゃないか、と思っていたら、「今ね、テント山行で来ても、晩ごはんや朝ごはんを小屋で作ってもらうひとたちが増えてるんだって。お昼も弁当作ってもらって。で、寝るのはテントなのよ。だったら小屋泊まりにしたら？　って思うんだけど、小屋は混むからゆっくりできないからテントなんだって。軽い荷物で、つまみと飲み物だけは担いでくる、そういう登山者、多いらしいよ」

そう仲間が教えてくれた。目が点になりかけたが、こういう登山者は今に始まったことではなく、無雪期のあちこちの山小屋でもけっこうあるらしい。ソロ天（おひとりさま用のテント）が増えるというのもこの延長線上なのだろう。

ちょうどいい位置に山小屋があって、そこまで2時間足らず。とはいえ、朝夕の食事も昼も小屋頼み、ということになれば、テント以外の行動食とか非常食、飲料水やその他の生活用具・行動用具はどこまで考えられているんだろうか、途中で何か不測の事態が起きた場合にどう対処し、どう生き延びるか、という想像力は働いているのだろうか、と、少々心配になる。

「行動判断」のプログラム

先日、東海ブロックの雪崩講習会が実施された。暮れから年明けにかけて雪不足に悩んだが、幸か不幸か、実施直前になって日本列島は大寒波に見舞われ、風雪や気温の低下に、「大丈夫かいな」と逆の心配をするほどの気象状況になった。

講習会後に開かれたコーチング・スタッフの反省会では、今回初めて取り入れた「行動判断」のプログラムについての意見が集中した。地図上に設定した目的地目指して、パーティーごとに周辺の尾根や沢筋を行動しながら、雪崩れやすいと考えられる地形を読み、どのようなコース取りをするか、危険があると予測されればどう動くか、などをメンバー同士で話し合い、確認しながら進んでいくことで、実践的な判断ができるようにしようというものだ。

「知ってほしいこと、教えたいことはいっぱいあるけれど、限られた時間の中ではあれもこれもは難しい。何をどう知ってもらうか、何を身につけるかをもっと精選する必要がある」

「実際に使える知識と技術を立体的に組み立てることって大事ですね」

「雪層の観察とか、弱層のテストとか、ひとつひとつの基本的な知識や技術を繰り返し見たり試したりすることは大事だけれど、それがどこで必要になるか、どう使うか、実際の行動の中で理解してもらうことができるといいよね。知識と技術がつながるのは大事だね」

「おまえならどこを通る？　どうルートをとる、みたいな、ね。その理由というか、どうしてそう判断したか、という説明も必要になってくるし……」

「主体的に雪崩に対する判断をしながら行動していくことを学べるいいトレーニングになったんじゃないかな。みんな、面白がってやれるし、な」

「今の初心者たちって、ひとりのリーダーにわっとついていっちゃうひとが多くありませんか？」

「うん、それは話すとちょっと長くなるので、こっちに置いておいて……。基本的な知識や技術を学んだ受講生ひとりひとりが実際のフィールドに出て、受け身でなく、みん

「どうルートをとる？」（御岳にて）

なで話し合って、状況を確認して、判断を自分たちのものにしていけるようなシミュレーションはいいよね」

そんな内容だったのだが、こっちに置いておいた話を敷衍《ふえん》すると、基本ができていない（あるいは知らない）のに、この人についていったら行けちゃう、みたいな登山者も増えてきているのではないか、という話である。リーダーとかガイドとか、と、初心者とか登山客。その間に位置する層がない。だから、冒頭のような、今までだったらちょっと考えられない登り方をする登山者も出てきて不思議はないのかもしれない。

こういう発想は、今までの山ヤの「常識」みたいなところからは出てこない。反対に山ヤなら感じるはず（と思いたい）の不安もなさそうである。このひとたちは、果たして自分たちで、天候や時間をみて、出発するか停滞するかを決め、行動を開始したら、どの時点で進むか引き返すかなどの判断をしながら動いているのだろうか。

自分で考え判断できる登山者に

1月に発行されたある山岳雑誌に「山の遭難」が特集されている。昨今の登山者の山岳遭難の三大誘因として、体力不足、道迷い、楽観主義があげられ、山岳遭難救助の現場の事例や関連する話題などで分かりやすくまとめられ、読みやすく構成されているが、実はこの特集をほんとうに読んでもらいたい相手は、本など読まないひとたちなのではないか、という気がする。

「登山は今や、それを行なう人によって、スポーツ、ゲーム、レジャー、ファッション、あるいはイベントであり、その場所、季節、期間、人数やメンバーによってはもちろん、目的、内容、装備、趣好などによって、さまざまな容貌を見せ一様ではない。関係する情報の量や質の差も著しいし、その入手方法も活用の仕方も千差万別（『明解日本登山史　エピソードで読む日本人の登山』（布川欣一著　2015年8月1日発行ヤマケイ新書）という昨今、雑誌（この特集もそうだろう）や書籍などの活字媒体で、まとまった形で警鐘を鳴らしても、売れず読まれず、細切れの情報だけがネットで独り歩きし、私たちの思いもよらなかった登り方をするひとたちが増殖しつつあるように思える。

いま、これまで以上に登山者に継承されてきた登山の知識・技術をどう伝えるかは大きな課題だろう。それだけによけいに、実際の行動や体験の中で、教えられたり、感じさせられたり、自分たちで考えたり、仲間との社会的な関わりの中で判断を迫られたり、責任を負う立場になったりすること、ひとからひとへそれらが伝えられ蓄積していく「場」が必要になってきていると思われる。そういった場を提供することができるのは、これもまた活字媒体と同じように昨今の若いひとたちに敬遠される傾向にある登山団体、すなわち山岳会ではないか。

牽強《けんきょう》付会《ふかい》の短絡に陥ることを恐れずにいえば、山岳会が新しい会員を増やし、そのひとたちにいっぱい山の楽しさ苦しさ素晴らしさ厳しさを伝え、自分で考え判断して行動できる登山者になっていってもらえば、余計な心配をしなくて済むと思うのだがどうだろう。ついでに「登山時報」も読むようにしてもらいたいね。

（二〇一六・三）

COLUMN

鍋は鍋でもパスタ鍋
―定番から脱して……

鍋といってもコッフェルのことではない。山行前の献立の話である。

「ホライさん、鶏、苦手ですか？」

「え、あ、うん食べるよ」

「献立、ナベでいいですか？」

偏食の多い私に気を遣って聞いてくれたのだろうが、その時の私には、鶏ナベかぁ、くらいのイメージしかなかった。なにしろ、昔、「鶏ゴボウ鍋」の鶏肉抜き（肉を忘れてきたらしい）というヘルシーな献立にぶつかったことがあるので、あまりいいイメージを持っていなかったのだ。しかし、テントで供された鍋にはそのイメージを大きく裏切られた。

まずスープはデミグラスソース仕立て。そこに馬鈴薯、ニンジン、玉ねぎなど下ごしらえしてきた野菜が入る。さらにチキンが加わって、ほどよく煮えたところへ短時間でゆであがるペンネが入って出来上がり。盛り分けたらパルメジャーノチーズをかけて食する、という「鍋」だったが、なかなか美味で、体も気持ちも暖かくなる一品だった。

隣のテントにおすそ分けした。

隣のオッサンの感想は、

「なかなかマカロニはうまかった」。

「マカロニって言うな、ペンネじゃ」

と私のテントの女子が怒っていたが、ジェネレーション・ギャップもいいところであった。

最近、山の献立も、定番から脱して、手を広げないと遅れそうだぞ、と思い始めている。

21

山での救急対応時の判断基準は？

1月の終わり。鈴鹿・御在所岳で県連盟の積雪期救助訓練が実施された。スノーマウントという方法でシェルター作りをしている仲間の一人に、「だいぶうまくなったな」と声をかけたら、手が止まった。言われたことが一瞬、理解できなかったらしい。

「雪を掘るのがうまくなった、って言ったんだ」

「え、ほんとですか？　わぁ、褒められたの、初めてです」

雪を掻《か》く速度が速くなった。年明けに北アルプスでやった氷雪技術講習会で、受講生の彼女が褒められたのは、いいスコップを持っていることぐらいなものだったのだ。

この日は無風、晴れ。雪の斜面に陽《ひ》が当たってポカポカと暖かい日になったが、前年の救助訓練は、雪が舞う寒い日だった。そうだった、明日で一年になる。近くで起きた事故の搬出・搬送作業を手伝うことになって、救助訓練がそのまま救助活動になったのだった。

今回は、救急対応時の〝判断〟ということについて考えてみたい。

事故者を背負う前に

同じ御在所岳でこんな経験もある。

鈴鹿スカイライン沿いの小屋でごろごろしていたら、親父さんから、「いま、一の谷新道で、ひとり、登山道から落ちて動けない、っていう連絡があった。下ろすのを手伝ってくれないか」と声がかかった。周りにいた仲間たちと、登攀具を担いで登山道を駆け上がった。

事故者は登山道から足を踏み外したらしく、10mほど下に落ちて止まっている。石で頭を打っているようだが、意識はあって、パーティーのメンバーの呼びかけにもきちんと返事をしている。

現場は、登山道の中間点より少し上の樹林帯の中だが、急な道を登り返すよりは、そのままスカイラインまで下ったほうが早い、道の状態を考えると、ザイル担架より、交替しながら背負って下りたほうがよさそうだ、そう判断した。

負傷者にヘルメットをかぶせて頭部を保護し、登山道までザイルで引き上げ、そこからはコイルに巻いたザイルを使って負傷者を背負った。時間の経過につれて、こちらの呼びかけに、はっきり「はい」と答えていた負傷者の声がだんだんと小さく間遠になる。あと少しだ、あと少しでスカイラインに出る、「がんばれ」、声をかけながら下る途中、突然、頭がガクリと後ろに垂れ、後ろに引っ張られるような荷重がかかった。

それでも立ち止まらず、一刻も早く登山口に出ることだけを考えて下り続け、まもなくスカイラインに待機していた救急隊に事故者を引き渡すことができたのだったが、夜になって、「残念ながら亡くなりました。死因は脳挫傷でした」という連絡を受けた。

時間的なロスは最小限に抑えて搬出作業はした、病院で手当てを受ければ回復してくれるだろう、そんな期待を持っていただけに、この連絡はやりきれなかった。私たちは、当初、意識があったことに安心し、ケガの状況よりも、一刻も早く下ろすことだけを優先したのだったが、脳挫傷という負傷に対する対応はあれで良かったのだろうか、きちんと傷病を見極め、動かすことの是非を考えたり、別の方法で対処していれば助かったのではないか、という悔いは今でも頭から離れない。

いつまで続ければ……

話を一年前の積雪期救助訓練に戻そう。私たちがいくつかのグループに分かれて訓練を行っていた時に、その地点の上部のルートを登っていた登山者が沢に転落、死亡という事故が起きた。

お手伝いを、と要請があって、現場に上がっていくと、事故発生時、対岸の岩場を登っていて転落を目撃したガイドと顧客のパーティーが、滝の下に下りて事故者を引き上げ、心肺蘇生を行っているところだった。交代で人工呼吸と心臓マッサージが続けられたが、問題は、いったん心肺蘇生を始めたら、しかるべき資格を持つひとの判断がなされるまで、やり続けなければならないということである。看護師が私たちのメンバーの中にいて、瞳孔が開いて、脈が触れていない、という観察結果を報告してくれたが、それが即、心肺蘇生をやめることにはつながらない。すでに開始後1時間半が経っている。舞っている雪が少し強さを増し、滝つぼの両脇の岩の壁を新雪がサーッと流れ落ちるような状態の中で、このまま心肺蘇生を続けるのにも限界がある。そろそろ撤収を考えねばならないのだが、誰も指示を出さない。やむなく、事故者のパーティーのメンバーに、登ってきつつある救急隊を呼び出し、事故者の現在の状況を伝えて、今後の対応を仰ぐようにしてもらった。やっと、「事故者を出合まで下ろしてほしい（=心肺蘇生の打ち切り）」という指示が返ってきて心肺蘇生をストップ、事故者をストレッチャーに固定し、ザイルを張って出合まで下ろす作業に移った。

悪天でヘリが飛べず、出合から登山口までは人力による搬送となった。死因はこれも脳挫傷だった。

前者の例では、傷病の程度の識別と適切な応急処置の判断ができていたら事故者は亡くならずに済んだかもしれない。後者の場合には心肺蘇生など応急処置にあたった登山者が長時間、その場を動けなかった。一定の判断基準と権限を持っていれば、もっと気象条件や周囲の環境、救助メンバーの安全も含めてスピーディーに動ける救助活動ができたかもしれない。

これもずいぶん昔、厳冬期の中央アルプスの稜線で滑落して骨折、雪洞で一夜を明かした仲間を生存の状態で発見してスノーボートで下したことがあった。下ろす途中で声をかけても反応がなくなり、救急車の中で死亡が確認された。死因は凍死。

当時は低体温症という概念はほとんど知られておらず、保温、加温の知識すらも十分ではなく、一刻も早く医師に引き渡さねばという思いだけがあって、稜線から下ろす作業中に吹きつける風は、事故者の体温を急速に奪った。今のような知識と技術があれば、彼を生きたまま下ろすことができたかもしれない、そんな悔いをずっと感じ続けている。

山で事故が起きて、周囲に医師もレスキュー隊もいない場合、それに対応することができるのはあなたしかいない、そんな場面に遭遇する可能性がないわけではない。どこかで判断をしなければならないが、その判断の基準については、消防署や日赤に尋ねても、少なくとも私は、いまだに教えてもらうことができないでいる。

つい先ほどまで元気に登っていたひとが、自分の背中で亡くなったり、自分たちが下ろしている最中に亡くなったりする経験なんて、もうしたくないなあ、陽だまりの中で、そんなことを思った今年の積雪期救助訓練だった。

（二〇一六・四）

COLUMN

記念写真はあんたのためにだけあるんじゃないゾ

山で写真を撮るひとは芸術写真を撮るひとと記念写真を撮るひとに分かれるようだが、芸術写真を撮るひとも、降りてきてから欲しがるのは記念写真。そう思うと、やはりみんなで撮っておきたいもの。いくら疲れていても、なんだかんだ言っても、カメラを向けたとたん、みんな絶対（とりわけ女性は）笑顔を作るんだ。二三の例外はあるけど。

「おーい、みんなで写真撮るぞ。そこで並んで」

全員が一枚に収まるように、近くにいる登山者に、カメラを渡してシャッターを切っていただくようお願いすることがある。少しでも早く集まって、できるだけ早く済ませることができるように気を遣うのが普通だと思うのだが、人数が多いと、たいてい一人や二人は、自分の世界に入ってしまっていたり、最後まで「私はいいから……」と、その場所を動こうとしないヤツがいる。前者はまだかわいいが、後者はめんどくさい。

「お前のためだけじゃないゾ。みんなのために入るんだ」

うまく言えないけれど、そんなふうに思うことがある。集合写真は、自分がどうこうというより、「あのとき、こんな顔ぶれだったんだね」と、あとで山行をふり返る記録の色彩が強い。

ひとの足を止めてお願いしていること、みんなの記録なのだ、ということを考えると、

「ごちゃごちゃ言わんと、さっさと並ばんかい！」

と言いたくなる。みんなで記念写真に納まるのも山の気配り、目配り、心配りのひとつだと思うのだけれど……。

22

地形の概念と概念図

「この辺りからだナ」

次のポイントは、大きく道を折り返して下った地点にある。現在地から100mほど進んだ地点から、藪の中をまっすぐ下って、並行して走る道に出るのが最短コースだ。木の枝につかまりながら落ち葉や枯れ枝を踏んで急斜面を突っ切ると、木の間を透かして道が見えた。「あ、出た！」読みどおりの地点に出ると嬉しいものだ。

先日、近郊の低山でオリエンテーリングをした。コンパスとマップを手に、現在地の把握と進むべき方向、地形から最短コースを見抜く力が要求される。限られたコースの中であれば、尾根筋を一本間違えても、位置を確認し、方向を修正して戻れば、時間がかかるだけのことだが、本番の山行で、しかもそれが積雪期だったら、とんでもないことになる。疲れてくると、道間違いに気づいても、登り返したり、戻ったりするのをできるだけ避けたいという意識が無意識のうちに働く。これが事故のモトになることも多い。縮尺や等高線の間隔も二万五千図とは違うマップを手にして、ふと、ここで雪が降ってきたらどうなるのだろう、と思った。

概念図を書くということ

「こんなところまでいらないんじゃない？　歩く部分だけでいいでしょ？」

概念図の話である。計画書や山行報告につけられた概念図について、こうのたまう仲間がいた。

「それは違うぞ。自分の登る山、コースが山域の中のどんな位置関係にあるか、どの登山口から登って、どこへ降りるか、が計画書見るひとにもわかることが大事だろ。ピークとコースの間に線が引っ張ってあるだけじゃあ、ここを歩くと、あっちにあの山があるとか、こっちに谷が見えるとか、何があるかわからないでしょうが……」

概念図って、なんのために書くのだろう。

私の会では、計画書には、自分で地図から尾根筋・谷筋を拾って、概念図を書くことになっていて（山行報告にも概念図と「記録」は不可欠）、出来合いの地図を縮小拡大コピーして貼り付けたりするのはご法度である。昨今は、手書きではなく、圧倒的にパソコンで描いた概念図が多くなってきている。

地図を見ながら、マウスをくりくりと動かして、尾根筋の線を引く。線の太さを指定して、と。微妙なカーブを表現するのは難しい。フリーハンドなので直線も毛虫が這はったようにゲジゲジになる。文字を貼り付けるのがまたやっかいだ。

あー面倒くせぇ。

結局、パソコンでの概念図づくりは、ちっともマスターできず、私の計画書や会報に載せる山行報告の概念図はいまだに手書きである。

計画書の様式がデータ入力されていれば、その項目を山行の計画に沿って打ち込めばいいし、概念図も一度苦労してデータを作りさえすれば、次から同じ山域の計画書を作るときには、データをコピー、ペーストして、あとはプリントアウトするだけ。便利になったものだ。

しかし、パソコンの扱いに熟達していれば、山域のディテールも登山情報もきちんと概念図に表現できるのだろうが、多くの仲間がそうだとはいいがたい。彼らから出された概念図は、山頂を表わす三角形と、そこから派生した尾根筋が引かれているだけのシンプル極まりない、「書いてあればいいんでしょ」的なものが多い。最近ますますそれが眼について、苦言を呈することになる。

ま、「概念」という言葉は、「ものごとのおおよその考え」という意味だから、これから登ろうとする山の位置関係や方角が一般的にわかればいい、ということではある。ただ、対象となる山の位置関係や特徴がわかることは必要である。

私が当該山域の概念図を書くときは、ピークと登山口、歩く範囲だけでなく、それに続く尾根や沢筋、周辺のピーク、登山口に入るまでのもよりの道路、そういったものも、できるだけ入れるようにしている。自分自身が地理に疎く、山だけを示されても、それがどこにあるのかピンとこないこともあるのだが、やはり第三者が見ても、ああ、ここから入るのか、このルートはこの山のこちら側を登るんだナ、こちらの方角にあの山が続いていているんだ、ということがわかるようにしたい。それだけではない。それで終わり、というのが怖い。一度苦労して「作れ」ば度、地図を見、山域のアウトラインをとらえながら概念図を「書く」作業は、自分の中でその山域の位置的な概念を組み立て、確認することでもあり、登山をしていくうえでも大事なことだと思っている。

事故報告書を読んで

これも最近のこと。冬の八ヶ岳で起きたある遭難死亡事故の報告書を読む機会があった。真摯に問題点と今後の課題について述べられていて、報告をまとめた人たちの痛恨の思いと決意が伝わってくる内容だった。

それまで目にしていた事故の概要や解説から感じた「どうして、山頂からそんな方へ下って行ったんだろう?」という道間違いへの素朴な疑問、道間違いに気づいて山腹を登り返してビバーク、その後に、再び山頂へ向かって行動を続けたことに対する「なんでまた、戻ろうとしたんだろう。その位置からなら、一、二時間尾根を下れば人里じゃないか」という疑問と腹立たしさにも率直に答えてくれている。

前者は、山頂からほんの数十メートル直下のところで下降路を外してしまっている。視界が利かなかった、ということだが、報告書のなかには、この山の位置的な概念が不足していたことが指摘されている。同時に、「概念図を見て行動していた」という問題、「地形図とコンパスで確かめながら行動するべき」だという教訓も。

推測だが、ここでの「概念図」というのは、私のいう計画書の概念図ではなく、ルート図集などに載っているものだろう。地形図との併用が基本であることはいうまでもないが、ルート図を片手に、バリエーションを登るひとたちの陥りそうな陥穽《かんせい》でもある。

後者は、報告書には、「パーティーが危険な状況に置かれているという意識」が不十分であったことが述べられている。実際、どうだったのだろうか。地理的な概念があって、凍傷などの怖さを知っていれば、「下山」という選択肢があったはずだが、そうしなかった。

私なら、登り返すよりそのまま、逃げ下ってしまっている。

この事例の、ここで述べられている「反省」は、山の地理的な概念にとどまらず、登山者が山に入って生き延びるために必要な、多くの示唆を与えてくれている。

地形の概念から、話がとりとめもなく広がってしまった。

（二〇一六・五）

COLUMN

テルモス

メーカーの名前だが“保温水筒”の代名詞として使われている。

山でテルモスといえば、象印だろうがタイガーだろうが関係なく、「魔法瓶」のことをさす。そろそろ山の気温が下がってくるとテルモスの出番がくる。容量が大きなものがやはり冷めにくい。

最近はコンパクトで軽いものが出ているが、私のそれは大きく重い。

1982年にヨーロッパアルプスに行くときに購入した日本酸素製の750cc。中瓶がガラスからステンレスになった頃のもので、40年近く使っているのに、いまだに保温力が高く重宝している。ただ、堅牢だがかさばるのが難点。

ある会の周年のパーティーに招かれて、どんな流れか、私のテルモスの話になった。メーカーのＯＢがいて、「それ、私たちが作ったやつですよ」と誇らしげに言われたことがあった。

紛れもなくメードインジャパンの逸品だと思っている。

23

靴の底から事故の遠因・要因と改善点を考える

先日実施した登山講座の実技でのこと。先に出発したパーティーが立ち止まって輪になり、何やらやっている。リーダーがひとりのメンバーの足に、というより靴に、テーピングテープを使って応急処置の真っ最中だった。軽登山靴のアッパー部分や靴ひもは真新しいのに、底だけがぱかっと剥がれている。ポリウレタン素材のいわゆる経年劣化、水分、微生物、気温、紫外線などによって加水分解が進んでぼろぼろになってしまうアレである。普段、あまり使わず、風通しの悪い下駄箱なんかに大事にしまってあったものを、さあ出番だ、と持ってきたのだろう。大事にしすぎてもよくないのだ。

「わぁ、白い靴になって、リニューアルしちゃったね」ぐるぐる巻きのテープでミイラのようになった靴を見て大笑い。本人は「スミマセン」と恐縮。行動時間も短く、天気もいい。サポートできる人間も大勢いる。無事、昼過ぎには山頂を踏んで下りて来ちゃったのだが、後日提出された受講生たちのレポートには、「ザックから必要な装備がすぐに出てくるその手際の良さ」、「臨機応変なリーダーの処置に感心した」etc.……おいおい、そういう話か？　経年劣化とか、事前の自分たちの靴の点検不足の問題じゃないのか。

負けに不思議の……

靴底のトラブルは、点検不足か、経年劣化などは頭になく、あっても自分にあてはまるなど思いもよらなかった、ということが多い。登山講座の実技では、リーダーの応急処置だけに目が行って、それが済めば、「ありがとうございます」、「わぁ、すごいね」と感謝され、感心されて終わってしまう。本当は、靴が壊れたら、山行を中止するか、引き返すか、あるいはもっと深刻な結果も考えられるわけで、それらを回避するために、事前に何ができるかを考える必要があるのだが、誰も、あまりそこまでは考えない。

今年のゴールデンウィーク。北アルプスでは、残雪の少なさ、不安定な気象条件などによって、多くの事故が起きた。身近なところでも、滑落や行動不能でビバーク、などの事例が報告された。よく、いろいろな事故報告を見て思うことは、事故が起きた時点の状況やそれに到る経過についてはほとんど触れられず、事故が起きてからのリーダーやパーティーの対応の流れだけがやたらに詳しいものが多いということだ。冒頭の靴底のトラブルとリーダーの応急処置との関係に似ている。

まあ、確保訓練のタイヤ落としや、陸上のスタートのように、「よーい、どん」で、事故が起きるわけではないので、周囲のメンバーも事故そのものを見ていなかった、気付いたときには……という例が多く、そのディテールを説明することはできないかもしれないし、「起きる」ことを前提に事故者を観察しながら行動しているわけでもないので、事故までの経過の中で要因を特定することも難しい。しかし、「そういえば……」とか「これはどうだったのだろう」という、「今にして思えば……」ということを思い起こすことはできるのではないか。「負けに不思議の負けなし」と言われるように、試合でもなぜ勝てたかわからないということはあっても、負けるときにはそのひとつひとつに何らかの要因・遠因が潜んでいる（事故は勝ち負けの問題ではないけれど）。いろいろな要素を拾い集めるなかで問題点が見えてくる。

客観的にモノを見ること　気付くこと

遭対の会議で、ある会の滑落事故が報告された。

山頂直下から雪の斜面にロープを固定し、プルージックをかけて下ってきたメンバーに、後続者を受け入れるためにプルージックを外させ、数メートル、斜面を横に移動させたときに足元の雪が崩れて200mほど滑落したという事例である。

その事故報告の「考えられる要因」には〝根雪の上に新雪が乗って滑る状態であった〟こと、〝スリップ直後の初期停止技術の不十分さ〟が挙げられ、「対策・改善点」には、〝下降、トラバース技術の練習など〟

が挙げられていた。

しかし、事故の要因は「滑りやすい斜面」ではなくて、その斜面で「確保を外したこと」だったのではないか。対策としては、技術向上の練習も必要だが、落ちない仕掛けをどうするか、ではないのか。

同席したひとたちからは、「落ちた地点は、確保を外して待機させても大丈夫な場所だったのかどうか?」「次のピッチにロープが固定されるまで、プルージックを外さなければ自己確保になったのに、外して移動させたのはなぜか?」などの質問が出される中で、パーティーの人数が一〇人近い大所帯にもかかわらず、携行していたロープは一本しかなく、次のピッチに張るためには、全員を下ろし、確保を外してロープを回収しなければならなかったことがわかってきた。

個人の技術云々《うんぬん》よりも、この季節にこの山域に入る目的、メンバーの力量、パーティーの組み方は適切だったか、装備は十分だったか、計画の時点で、リーダーの考え方や会の姿勢としても問われる問題があるのではないか、という指摘がなされた。

「落ちた」時点を境にして、①落ちた際の状況、②事故にいたるまでの経過(山行の開始から事故まで、さらには当該の山行を実施するまでの流れにまでさかのぼって)、③事故後の対処、などの事実を挙げるとともに、④そこから考えられる事故の要因・遠因、可能性、⑤そうした点に対する改善点や対策などを導き出す必要がある。この④⑤こそが事故報告の大きな意味だろう。

当該のパーティー、もしくは会の中だけで突き詰めようとすると、ともすれば口をつぐんでしまったり、山行におけるスキルや技量、技術論や自分たちの責任云々の問題に終始してしまって、客観的にモノが見られず、気付かないことや、出口を見つけられないことが多い。

事故をふり返って、その要因・遠因を洗い、そこから教訓や改善点、対策を導き出すのは嫌な作業だし、そして、それが正しいかどうかも心もとない作業だが、決して一般論や通りいっぺんの言葉で終わらせてはならない。誰がいいとか悪いとか、ではなく、何が問題だったのかを、いろいろな視点で話し合い、気づいていくことが大事だろう。

靴底が剥がれたのを見て、こんなことを考えてしまった。

(二〇一六・七)

24

こんなこと知らなくても山には登れます

最近、ラジオ番組に出る機会があった。

「登山ブームなので何かないかな、と、ホームページをサーチしていたら、貴連盟の一般向け登山講座の案内が眼にとまったので」と、朝のトーク番組にゲストで出て告知をしてくれないか、という打診が県連盟にあって、それが講座を担当することになっていた私のところにまわって来たのだった。

FM局のスタジオで

受講申し込みの締め切りぎりぎりのところでの告知だったし、せいぜい10分足らずのやり取りの中での話だったのだし、どれほどの効果があるかわかりゃしないよなぁ、そう思っていたのだけれど……

それが、あったのだ。受講申し込みだけでなく、その後の登山講座の手ごたえも！

今回は、理念、原則、基本、ポリシー、そんなものが今こそ必要ではないか、というお話である。

非営業的なノリと楽しくなさそうなところが……

講座は六回の理論講座と二回の実技で構成されている。通常、数回の理論講座のあとに第一回の実技が行われる。それまでに学んだ中身を山で検証して次に進もうという手順だ。実技のあとには、「山行レポート」を提出してもらった。A4一枚、ということにしてあるが、パソコンでびっしり、というものからA4の用紙には違いないのだけれど、手書きで数行とか、中にはスマホで送られてくるものもある。

その中の一枚の「求めていたものが、たまたま聞いた、通勤時のラジオ放送でした」という書き出しに、思わず釣り込まれた。続けて「失礼ですが」と断って、この講座についての紹介が「まったく営業宣伝的なノリがなく、楽しそうでないのが気に入りました」とあって苦笑。そんなに低いテンションでしゃべったつもりはなかったのだが、かえってそれがウケたらしい。聞いてくれていて、しかも実際に受講してくれたのだから、と嬉しくなった。

それに続く内容も、「それまでひとりでネットで検索、計画も立てず、家にも適当に伝えて、自己満足的な山登りをして、〝オレは自由だ〟と悦に入っていた。この講座で気がついたことは、家族にまず「安心」を伝えることだった」と述べられ、さらに「計画を立て、装備や食料、地図、気象など準備をするようになったことで、自分に緊張を与え、家族に少しの安心を与えた、講座を受ける前と後では気持ちに雲泥の差がある」とまで言われると、もう涙が出そうなくらいに感激してしまうのだが、「自分の登山」のポリシーを語り、それがツボにはまると、こういう嬉しい声が時として寄せられることがある。

多くの登山講座や登山教室では、スキルとテクニックだけが先行し、なぜ山に登るか？　何のために？　なにが必要で、どう使うか？　という理由は後回し。語る側は自分の姿勢や主張を排して、技術の切り売りになることが多い。このボタンを押せば理屈抜きでこうなる、というマニュアルとエンドユーザーのような関係に似ている。

自分が自然に働きかけて返ってくるもの（何も返ってきはしない。せいぜいこだまくらいのものだが。見えるもの感じるものを、人間の思考と一体化させる、いわば感性の反映とでもいうべきもの）を受け止める作業を無意識に行っているのが人間の登山であるとするならば、やはり、そこには理屈と、個々の思いや主義主張が入ってもいいような気がするのだ。講座全体を、「登山という人間の営み」（登山観とでも言おうか）を伝える場としてとらえ、その中で、ひとつひとつの知識・技術を広げ深めていくことをしなければ、スキルと体力だけはあって、社会性のない登山者ばかりが増えていくのではないか、とも思う。

知らないうちに労山の会員に……

先日、新潟県連主催の「安全登山教室」で話をする機会を与えられた。

これまでは半分実技をしながら学習する形が多かったけれど、講義主体で、理念とか、登山の基本みたいなものを学習し直す機会としたい。時間は第一日目の午後と二日目の午前中。内容はすでに知っていると思われることと重複してもかまわない。同じことでも、口が変われば、受け止める方も、「また言っとる」ということじゃなくて新鮮に受け止めてくれるから大丈夫、というのが私への注文だった。

うーん、期待に沿えるかどうかわからないけれど、沿う努力はしなければならない。

で、やはり、ここは正攻法で、釈迦に説法でも、これまで労山で活動してきた中で考えてきた持論を述べるしかない、と、作った資料はけっこうなボリュームになった。内容の薄さを資料の厚さでカバーしようという意図があったわけではない。

『労山の基礎から学ぶ安心登山』と題したそれは、①労山運動の理念（登山の歴史と多様な発展、権利としての登山、海外登山、遭難事故の防止、自然保護）にはじまって②登山の動機と意義、さらに登山の基本としての③計画書、装備、④パーティー論・リーダー論、⑤危険と安全対策、という内容である。

「こんなこと知らなくても山に登れますが、知っててもらうともっと山が面白くなる（かなぁ）、かもしれません。みなさんは労山の会員です。では、自分の会が労山加盟の会だから入会した、というひとは？」

挙手ゼロ。労山の理念という言葉を聞いたことのあるひとは？　ぱらぱら。労山に趣意書という理論的よりどころがある、ということを知っているひと？　ぱら、ぱら。今日初めて趣意書というものがあるということを知ったひと？　ばらばらばらッ……ん？（笑）

スリングとカラビナを使って

「ここにいるひと

は、理由はさまざまですが、山に登りたいと思って会に入ったら、その会が労山加盟の山岳会で、知らない間に自分も労山の会員になっていた、そういうひとたちですね」

聞いてみると、労山の理念、趣意書の存在など、そういったものについての認識や意識は大半がすでにあさっての方向に飛んでいて、これは愛知県だけではないなあ、と妙に安心してしまったりする。この辺りが昨今の労山の現状なのかもしれない。だとすれば、その存在と意味を知ってもらい、今自分たちが会の中でやっている取り組みが、趣意書の中の柱の具体化なのだ、ということを理解してもらうことが大事である。それを語ることは、冒頭で述べたような、「自分の登山」を語ることに集約される。労山の設立の背景、登山界の変遷と労山の占める位置、果たすべき役割と現状、自らのポリシー、そういったものについてもっと語られてもいいし考えられてもいい。知らなくても登れるのだけれど、知ってほしい、そう訴えることは大事ではないか、と思う。

いずれの項も相互に入り組んでいて、話はあちらに飛び、こちらに脱線し、元に戻るのが大変というありさまだったが、真摯に、熱心に耳を傾けてもらえたような気がする。染み入るような緑を窓の外に眺めながらの二日間であった。

帰ってから、「初心を思い起こさせる話だった」というお手紙をいただいた。もらった課題のいくらかは果たせたような気がしている。山に登る、ということは、人間の営みなのだ、ということを再確認させてもらった、というお話。

（二〇一六・八）

25

「山の怪」？〝恐れ〟をもって山へ

山での不思議な出来事、怪異譚《かいいたん》などを集めた本が売れているという。

「怖いけれど、ひとを誘う何かがある」ということらしいのだが、その一冊に先日亡くなられた労山設立呼びかけ人の一人、伊藤正一さん（長い間、お疲れさまでした）の『黒部の山賊』も挙げられていた。

山での不思議な出来事や話が随所にでてくるからだろうが、そうした怖いもの見たさだけでなく、山には人間の想像もつかない出来事がいっぱいある、人間の力をもってしても何ともならない、そんな力が潜んでいる。「恐れ」をもって山に入ろう、ということを伊藤さんは伝えたかったのではないか、と思う。

みなさんは、山で、あと一分早ければ、あとちょっと遅かったら……でも、間に合った、助かったといった経験や、何か目に見えない力が働いているような経験をしたことがないだろうか。今回はそんな話である。

遭難者を拾った話、ザイルを捨てた話

鈴鹿の東雨乞岳から地図を片手に一般ルートではない踏み跡を下ったとき、道迷いの遭難者を拾ったことがある。その日は早朝から山頂付近をヘリコプターが旋回して呼びかけを繰り返していた。昨日登ったひとが下りてこなかったらしい。途中で、反対側から捜索のために登ってきた警察官と出会った。

話をして分かれた直後に、踏み跡から派生する支尾根に入ると、前方から「助けてください」と声が聞こえた。氏名を確認し、体調のチェックや水分の補給などの手当てをする一方、先ほどの警察官を呼び戻しにメンバーを走らせた。遭難者は、雨乞岳に登って、東雨乞岳からルートではない踏み跡に沿って下ってしま

い、入り込んだ支尾根で何度も登り下りを繰り返したが、元の地点に戻ることができず一夜を明かしたのだという。

　私たちが遭難者と出会ったのは、警察官と別れた直後のことだ。遭難者と警察官は数分の差で行き違っている。この支尾根に入らなければ、そしてタイミングが一分ずれていても、私たちは捜索の警察官とも、遭難者とも出会うことはなかった。捜索や発見は長引いて、遭難者もひょっとすればひょっとしたかもしれない。偶然というものだろう。

　ヨーロッパアルプスのグレポンを登攀したときのこと。登り切ってマリア像と対面し、下降を開始したが、ルートを誤り、四百メートル近い懸垂下降をする羽目になった。氷河から百メートルほど上部のテラスで時間切れになり、レスキューシートを被ってのビバークとなった。夜が明けてからも懸垂下降を繰り返し、氷河に降り立ったが、キンク（捻《ね》じれ）したザイルが岩に引っかかって、末端を引いても回収できなくなってしまった。

「どうしますか？」

　相棒が尋ねる。その前のピッチでもザイルが流れず、確保なしで登り返し、回収可能な部分をナイフで切断し、長さの違うザイルを結び合わせて懸垂をしたのだ。

「もう要らんだろう。捨てて行こう。見るのもいやだ」

「わかりました。そうします」

　即答であった。本来なら装備の残置は許されないし、ましてや、この登攀のために買ったザイルを捨てるなんてとんでもない、って言うかもしれないな、と思ったのだが。

　前日、懸垂のたびにキンクしたザイルの捩《よじ》れを戻すために何度巻きなおしをしたことだろう。そして、今日の夜明けから今までも。きっと、私と同じように、相当嫌気がさしていたに違いない。

　下降点から氷河を渡り、対岸のモレーン帯まで移動した。後ろの相棒が声をあげた。振り返ると、つい先ほど降り立った地点に音を立ててセラックが落下している。思わず顔を見合わせた。あれからせいぜい十分ほどしか経っていない。降り立つのが少しでも遅かったら……、あるいはザイルの回収にこだわっていたら……。危ないところだった。

リスペクト・ザ・マウンテン

デナリでは、仲間が肺水腫になった。これでこの登山も終わりか、と思ったとき、メディカルキャンプのドクターが、「彼らはすぐには動かせない。軽快するまでここでケアするから、君たちは計画どおり登山を続けろ」と言ってくれた。パーティーを組み直してヘッド・ウォールを登り、ＡＣ（アタック・キャンプ）を設置したが、その日から三日間、荒天が続いた。予定した日程は終わり、食料も燃料も底をついた。登頂断念を決め、ＡＣを撤収、出発しようとしたが、ホワイトアウトで一歩も動くことができなくなった。やむなくその場に再びテントを張り、天候の回復を待つことになった。撤収の際にテントの下から手つかずの燃料ボトルがでてきたことがありがたかった。

チョモラリの山頂で

翌日は嘘のように青い空が広がっていた。このままでは帰れない。ＡＢＣの仲間たちに、「もう一度だけアタックするチャンスを」と無線交信し、わがままを聞いてもらった。動けなかったことが逆に、山頂に立つチャンスを作ってくれたのだった。

日中合同登山隊の隊員として、チベット側からブータンとインド国境にあるチョモラリ峰に登ったときのこと。八月に北京、成都、ラサを経て、チベット高原にＢＣを設置して登山活動を開始。Ｃ１、Ｃ２、Ｃ３と高度を上げ、九月上旬に７３２６メートルの山頂に立った。

初登頂の喧騒が去り、山頂に残った私たちは、フィックスしたロープを回収しながらＣ３に下降し、翌日Ｃ３、Ｃ２を撤収してＣ１に下った。山頂からＣ２まではリッジと雪壁、Ｃ２からＣ１の間はアイスフォール帯になっている。その最下部の、斜度七〇度ほどの凍った壁を懸垂下降して、全員がＣ１に降り立った。懸垂に使ったロープを回収して自ら今回の登山の登路を閉じたのだったが、翌日、上部を振り返ると、C1設置から頂上アタックを終える3週間以上の間、登路としてキャンプ間を行き来していたアイスフォール帯のルートは、雪崩ですべてが埋まり、跡形もなくなっていた。

あと一日、山頂に立つのが遅かったら、下山は困難を極めたか、生死にかかわる事態になっていたかもしれないし、頂上を踏む前だったら、新たにルート工作をし直すか、登頂を断念することになっていたかもしれない。

タッチの差だった、と思う。

ほんの数分の違いで行き会ったりすれ違ったり、いやな作業が続いて、普段なら一生懸命回収しようとするはずのザイルをあっさり捨ててきたことで命を拾うことになったり、登頂を断念したのに、動くに動けない状態に追い込まれ、それが反対にチャンスを与えてくれたり、登頂して下山した翌日にそれまでのルートが雪崩で消えてしまっていたり……、まったくの偶然に過ぎないのだろうけれど、あとで考えてみれば、何か得体の知れない力で登らせてもらったり、生き延びさせてもらったりしているような感じもしないでもない。

「運も実力のうちだよ」と言ってくれたひとも「運を小突いて、手元に引き寄せているような感じがする」と言った仲間もいる。人間の想像を超えた何かが働いているように思えて仕方がない。

今年8月11日に施行される「山の日」は、「山に親しむ機会を得て、恩恵に感謝する」ということだそうだが、平たくいえばRESPECT THE MOUNTAINということなのだろう。尊敬の念、言い換えれば「恐れ」をもって山に入ろうという気持ちを再確認する日にしたい。

（二〇一六・九）

26 メンバー選び。自分が行けるかどうかを考える

シルバーウイーク中に出かけた北アルプス。上高地から岳沢に入って、奥穂南稜の取りつきの柱状節理の大岩壁を目の前にすると気持ちが騒いだ。テント場から踏み跡をたどるのも一苦労。今年はまったく雪渓がなく、岩の一つ一つが浮いていて、片っ端から崩れそうな沢筋を抜けて、取りつきに出た。1時間ほど動いたところでぱらぱらっと来た。本降りになれば前進は難しい。上部はガスで見通しが利かない。

「降りようぜ」

即撤退を決めたが、残置のハーケンにロープをセットして懸垂、そしてクライムダウン、登るときは簡単でも、外傾した急傾斜の壁を、下降路を探しながら下ることの難しさを改めて思った。こんなとき、放《ほ》っておいても自分で対処できるメンバーばかりなのは正解。余分な神経を使う必要がない。

明日は確実に大荒れ。そのまま撤収できない時間ではなかったが、メンバーがせっかく用意してくれた食料がある。ゆっくりしよう、と決め、テントの中で夕食にとりかかった。〝野菜と肉を焼いて食べます〟という献立で、味付けは若い仲間が自分の部屋からそのまま瓶ごと持ってきたアジシオとテーブル胡椒。

胡椒の瓶を思い切り振ったヤツがいて、テントの中は修羅場と化した。ここではメンバーは経験不足で細やかさに欠けた。少し神経を使ってほしかったね。

今回はパーティーとメンバーの話題。

「行きたい」のと「行ける」との違い

「山行管理の担当をやってるんですけど。最近、新しい会員が増えて、出されてくる計画書のメンバーを見ても、顔と結びつかないことがあって、計画内容と

力量がこれで釣り合っているのか、が判断できないことがあるんですよね」

他会の仲間から相談を受けたことがある。会員増というのは今のご時世、うらやましい話だ。しかし、一方で会員の計画書をチェックするのは安全な登山を支える山岳会の重要な活動の柱である。会として会員の力量を見定めたり、会員を育てていくというプロセスは欠かせないものだし、会員自身にもそういう視点が求められているはずだが、昨今、それらの流れをすっとばしてパーティーを組んで出かけて行ってしまう例も増えている。

あるバリエーションルートを登る計画書が出された。古参と中堅、新人が二人。このルートへ行くメンバーとしては、古参と中堅はまあ、心配しても仕方がない。問題は新人。普通の「山歩き」なら二人とも体力はそこそこだが、ひとりは登り、ひとりは下りに難あり。登攀は始めたばかり。引っ張り上げれば登ることはできるだろうが、確保や万一の際の対応ができる力量を持っているとは思えない。計画の前に、一緒にパーティーを組み、同様の山行をどれほど重ねてきたのか、という点でも皆無に近い。冒頭のような場面では果たして……。私ならまず、このパーティーではこの山域の計画は立てないし入らないだろう。

「先輩」が〝連れて行って〟くれる、というお誘いに食いついた時点で、新人たちはその山域がどういうところで、そのルートを登るためにはどのような力が必要かということや、自分自身がいま、そこへ行くことができるかどうかということは念頭になく、「行ける」という思いだけで、思考は停止してしまっている。

また、帰ってきても、自分が行動した経過や状態、どう戻ったのか、も覚えていない、となると、ただついて行っただけで、どの経路やルートの取りつき、ルートの状況や難易度など、事前の山域の知識もルート研究もなかったのではないか、という気がする。連れて行く側も、「状況を判断して、だめなら戻ります」ということだったのだろうが、そんなことならはじめからそんなルートへ連れて行く必要もあるまい、と思えちゃうのだ。

リーダーがいいと言っているのだから……ではなく

以前、春の北アルプスに入り、雪の斜面を下ろうとしてメンバーが滑落骨折、それを止めようとしたリーダーも滑落して骨折、パーティーはその場でビバークして翌日下山した、という事故があった。後日、計画書に記載されていた装備は、実際には、サブリーダーひとりを除いて、アイゼンは4本爪の滑り止めに、ピッケルはストックに変わっていて、しかも、報告書の「ロープがあった方がよかった」という記述から、ロープも不携帯という状況が明らかになり、当該の山岳会だけのことではなく多くの山岳会も胸に手を当てて、日常的な山行の実態を問う必要がありはしまいか、という問題を投げかけた事故だった。

パーティーのメンバーたちは、「こんなところへ行くのにこんなものは要らない」というリーダーの判断で装備を「軽量化」し、右へ倣えで入山して事故に直面したわけだが、あとでその山域についても、「私たちがくるところではない、と思った」と述懐していたことからも、その山域の知識も事前の研究もないまま、参加していたことがわかる。

「そこ、私、行けますか?」と尋ねられて、「ああ、大丈夫ですよ」「行けますよ」と、簡単に請け合ってしまうひとたちは何を根拠にしているのだろう? と思わざるを得ない。かくして、こういう安請け合いのリーダーと「リーダーがいいといっているのだから」ということで判断する思考を停止したメンバーとが、経験と力量の裏付けのない短絡したパーティーを組んで山に向かうことになる。

時代遅れだと言われそうだが、リーダーを務めるなら、それ相応の手間をかけてメンバーの見極めをし、山域を考え、事前に危険を回避する責任を「負い」つつパーティーを組むこと、メンバーは、客観的に現在の力で自分が行けるかどうかを判断できる力を持つことが大事である。

「あぶないあぶない」

「もし何かあったらどうする?」

この二つは山行を計画するひとにとって、「煙たくてうるさい」問いかけだが、それらを真正面から受け止め、パーティーの抱える課題をクリアしていくプロセスを経ることで、こうした心配をしなくて済む登山をしてほしいものだ。すぐに答えや結果を求めようとする時代だが、大切なことだと思う。

（二〇一六・一一）

27

ほんとうの答えは、山行中ではなく計画以前のところに

10月下旬、私の所属する会が20年来続けてきている登山講座の実技を中央アルプスで実施した。天候は晴れ。紅葉はあまりきれいではなかったけれど、それなりに色づいて、暑くもなく寒くもなく、さわやかな一日だった。

受講者と会員合わせて20人近くが3つのパーティーに分かれて、全員が2000mの山頂を踏んだが、帰路、受講者のひとりの歩く速度が極端に落ち、最後尾が登山口に着いた時にはヘッドランプが必要になっていた。

秋の陽《ひ》はつるべ落とし、受講者たちもヘッドランプは常時携行の常識を実感したのでは、と思う。早く下山して旬のリンゴを買って帰ろうという胸算用もむなしく、早々にマイクロバスに乗り込んで、帰路についたのだった。

そんなにまでして登らせる必要があったんですか?

「う〜ん、読めなかったんだ。3年くらい前に同じ山に登ったときは、13時のタイムリミットを、現在地とメンバーの足取りを見て途中で30分延ばしたことがあった。最後のパーティーが山頂に着いたのは13時28分、リミットの2分前だったが下りは順調で、16時前後にはみんな下りてきた。今回は13時のまま、リミットは変更しなかったし、なんだかんだ言いながら、へロヘロでも登っちゃったんだ。結果的には6分過ぎだったけれど、あの距離、位置関係では、山頂に立っても、直下で引き返しても、状況としてはそれほど違いがなかったと思う。結果論だけどね。登ったんだから、下りも遅くてもなんとかイケると思ったんだが、

あれほど歩けなくなるとは思わなかった」

受講生のひとりが参加者のペースについて行けず、下山時刻が大幅に遅れた。その理由は何だったのか、山行中の判断はどうだったか、時間の経過、気象状況、現在地と受講生の体調、応急処置やサポート、進退の判断などにどうしても関心は集中しがちである。

私はチーフリーダーとして最後尾のパーティーについていたのだが、山頂直下でくだんの受講者のパーティーが遅れて下山リミットになったときには、そのまま登れという指示を出した。リミットを数分過ぎたが、山頂に立った。下りでもやはり受講者の足は遅く、リーダーとサポートの会員をつけて後ろを歩かせ、他のメンバーにはサブリーダーをつけて先に下るよう指示をし、前を下っている2パーティーの後を追った。二番手のパーティーに追いつき、一緒にいったん登山口まで下って、最後尾以外のパーティーの下山を確認してから、もう一度、サポートのために登り返した。40分ほど登った地点で彼らに出会い、一緒に一時間半ほどかけて下って来たのだった。日没に間に合わず、登山口に着く直前に暗くなったが、それもまた数週間前だったら十分に明るい時間だ。17時30分という下山時刻は予定した時間よりも遅かったが、「下山遅れ」というには微妙な時間である。会員の山行ならおそらくスルーしている報告だが、会の登山講座の実技となるとそうはいかない。これは、下山遅れ「事故」だろう。

私自身もそれまで、当日の出発から下山までの流れについて、あの山で、あの状況で、あの受講生の状態で、判断はどうだったのか、果たしてあれでよかったのか、反芻《はんすう》していたので、「そんなにまでして登らせる必要があったんですか？」という問いに、あんな答え方をしたのだったが、ほんとうの答えは、もっと別にあったような気がする。

不文律、ルールにゆるみが……

歩けなかった受講者は、これまでツアーに何度か参加した程度で、登山はまったくの初心者といってよく、日常的にスポーツなどをしているわけでもない。この講座には第一回目の理論講座と実技が終わったあとに、講座の存在を知って、「途中からでもぜひ」と懇望され、受講を認めた経過がある。

二回目の理論講座から熱心に受講し、その流れの中で自然に最後の実技にも参加ということになった。したがって、私たちは彼女の体力や歩き方を実際に把握できていなかっただけでなく、本人もまたそれまでの実技の中身を知らないまま参加してきているという状態だったのだ。私も事務局も、経験や体力の面で「大丈夫かな」という心配はしたものの、心配しただけで当日を迎えてしまった。危惧は現実になり、これまで述べてきたような顚末《てんまつ》となった。問題は受講者にあるのではなく、私たちの側にある。

これは、「登山講座」である。「みなさんを山に連れて行く講座ではない」というのが私たちのスタンスである。登りたい山に自分の力で安全に登って確実に降りてくることのできる力を身につけるための入り口として、五回の理論講座と三回の実技が段階を追ってセッティングされている。理論講座と実技はセットで、実技だけ参加したい、というひとはお断りだし、理論講座だけを聞きたい、というひとはウェルカムになっているが、一連の理論講座を実技で検証するカリキュラムである。実技も、徐々に標高とグレードを上げているのに、最後の実技に、それまでの実技に参加していない受講生を参加させたことそのものが誤りだったのではないか、ということだ。

参加を断るべきだった。「講座の実技として段階を踏まなければ参加させない」ということを徹底させるべきだったのだ。これが本当の答えだと思う。

日ごろ、「皆さんを山に連れて行く講座ではない」と言いつつ、本当はどれが欠けても困るのだが、理論講座や実技への出欠席や参加が緩やかになってしまっている。今回の状況をみれば、「山に連れて行く講座」に成り下がってしまっていたのではないか、ということである。体力的に、とか、まったくの初心者だが、という心配は、一番初めの実技のところですべきであった。これまで自分たちで作ってきたルールや不文律が緩んできてはいまいか、そんなことを考える昨今である。

（二〇一六・一二）

2017年

28

冬山の季節。ギアの使い方や進退を学ぶ機会は……

未明の雨が上がって、空に雲が広がり、時折、強い風でその一角に穴が開き、青空と陽光が射す、そんな日のことだった。南八ヶ岳の赤岳鉱泉から大同心稜を登って小同心に取りついたのだったが、冷たさに負けて撤退してきた。まだ10月の末で、しかも曇り時々晴れという天候だったというのに、何をやっとるんだ、と笑われそうだが、コンディション次第では命のやり取りをするような局面もある。こんなときには往生際が肝心なのだが、そういう判断をするためには経験による学習を積むことが大事だ。

で、それをどこで学べばいいのか？　というお話である。

撤退という学習機能

まだ陽《ひ》があたっていないとりつきの岩肌は黒々として冷たい。風が少し出ている。気温も低く、登攀準備をしているときにはすでに手の指先が冷たかったが、なに、せいぜい三ピッチ、ホールドだらけのルートだ、そんな気分で取りついたのだったが。

最初のテラスでピッチを切って確保し、下の二人が登って来たところで、再度ピッチを伸ばす。指先は冷たさを通り過ぎて、岩にかけた指に体重をじわりとかけると、確かにホールドをつかんでいるのだけれど、指先が岩に触れている感覚がない。十数メートル登ったところに打たれていたピンで中間支点をとり、さらに右上にあるピンにカラビナをかけようと、右足を踏み出そうとした途端、ふくらはぎに激痛が走った。「痛てぇ！　攣《つ》った！」、ホールドに足を置くことも、伸ばすことも曲げることもできないまま、凍えた手で岩にぶら下がって痛みが治まるのを待つ。雪もないのに、この気温の低さと手の凍えは想定外、こんなときはさっさと逃げるに限る。

「おい、降りるぞ」

下の仲間たちに声をかけると、

「そうしましょう。僕らも手が冷たくって……」

さばさばとした返事が返って来た。あと数週間もすれば冬将軍がやってくる。冬山で、感覚のなくなりかけた手でカラビナをかけたり、ロープを操作したりしなければならない場面もないわけではない。意思通り動いてくれるうちはまだいいのだが、感覚が戻らず、思い通りに動かないときのあの怖さは経験してみなければわからない。それだけにその兆候を感じた時には臆病にならざるを得ないのだが、これこそが生き延びるための私たちの学習機能の働きなのだろう。今回の仲間たちはこういう経験をしてはいないけれど、物心ともに備えのないときには、あるいは身体的条件が厳しくなれば早々に引き返す、というタイミングを共有し、学ぶ機会だった、と思う。

冷たかったのは自分だけではなかったのだ、と妙に安心しながら、仲間たちのいるテラスまでクライミングダウンし、そこからは懸垂下降で交互に取りつきに降りた。ロープを巻くときには、温かい陽光が射し、足元と目の高さの山並みがくっきりと見えたが、振り向くと、先ほどまで立っていたところには、真っ白なガスが下りてきていた。


氷雪技術講習会のあとで、中高年の受講者とこんなやり取りをしたことがある。

「浮かない顔ですね。どうでした?」

「うん、いま、ワシ、後悔しとる……」

「え……、なんかありました?!」

「もっと早く、冬山、始めときゃよかった」

とニヤリ。浮かない顔はポーズで、どうやら、またひとつ世界がひろがったらしい。これまで冬山を敬遠していた人が、その美しさや面白さを知った瞬間だが、これも経験して初めて気づくことだ。

その脇で、もう一人が、

「いやあ、ホライさん、失敗しました」

「どうしました?」

「事前の机上講座でも打ち合わせでも、手袋だけはいいものを、って話は聞いたんですが、それまで会の山行じゃあ今使っている手袋でなんともなかったんで、大丈夫だろう、と勝手に考えてそれを持って来たんです。手は無事でしたけど、辛い思いをしました」

ざまあみろ。何もなかったので、言っても聞かなかったことについては笑い飛ばすことにした。千メートルそこそこの山を歩いているときは大丈夫でも、三千メートル近くの山になればどうなるか、ということを大事に到る前に体感できたのだから。

たったこれだけのことだが、こういう機会がなければほんとうに「知る」ことはできなかったのだと思う。

やはり山岳会、登山組織が

「リーシュをきちんと手首にかけて、ヘッドの部分を上から持つ。空いている片手でホールドを掴んで、持っているピッケルで岩や雪面にピックをひっかけたり突き刺したりして支えにする。両手を使ってホールドを掴んだりすることが必要なときには、ヘッドから手を放して手首にぶら下げた状態で行動できるようにすること。まず、仕組みといろいろな突き方や使い方があることを覚えてね」

「あのさぁ、足元も見ないで、百円ライターみたいにガリガリやって、アイゼンの爪が引っかかったら次の足を出す、そんな登り方はだめだよ。きちんと足元を見て、アイゼンの爪がきちんと岩にかかっているの

北岳で

を確かめて、じわっと膝を伸ばす。遠いところに足をかけたり、腕で登ったりするんじゃなくて、立ち上がることを考えて……」

先日、合宿のトレーニングに鈴鹿の岩場に入った。まったく雪はないけれど、今からピッケルやアイゼンの使い方に慣れておこう、という目的だったが、実際には「慣れる」以前に、その仕組みと使い方を知って、使ってみる、「触れてみる」機会である。

机の上で、これがピックでこれがブレード、これがシャフトこれが石突、ピッケルにつけるバンドは……と説明をしても、実際に自分で使ってみなければ、頭ではわかっているつもりでも、おそらく使えない。

アイゼンについても同じで、基本は雪面にフラットにツァッケ（爪）全体を食い込ませること、などと机上で話を聞いて、山で突然岩の上をガリガリと歩かされたら、それこそあの説明は……と混乱の極みでパニックになっても仕方がない。

まだ、私たちはこうして新しい仲間や冬山のビギナーに、やって見せ、やらせてみて、注意を与える、そんな知識や技術を継承する機会を持つことができる。

問題は、こうした学習をする機会を持たないひとたちだ。昨今の登山ブームで、今年も、どこの組織にも所属していないで、ぴかぴかのギアをもって冬山に入ってくるひとたちが多くなりそうである。ピッケルとアイゼンを買えば冬山に入れるわけではないと思うのだけれど、どこでどのようにしてその実際の扱い方や、行動の途中で撤退する〝しお〟を学ぶのだろうか、という要らぬ心配をしてしまう。

その学ぶ場所を提供できるのはやはり山岳会、登山組織しかない、と思うのだがどうだろうか。

今年も冬山のシーズンがやってきた。

（二〇一七・一）

29

「箸の上げ下ろし」から

昔々、ある老舗の山岳会の冬山合宿に参加させてもらったことがある。打ち合わせと装備分けをするから、と呼ばれて出かけていくと、すでに装備は分けられて、大鍋とか鉄製のポールとカマボコ型のテント一式とか、重くてカサの張るものだけ、つまりはパッキングしにくいものだけが部屋の隅にまとめておかれていた。あー、やられた！　と思いつつ、お邪魔ムシの身の上では文句も言えない。癪《しゃく》なので、この共同装備と個人装備をいかにして過不足なく、しかも美しくザックに収めるか、ということに意地になった。ザックから出したり入れたり、ひとりでパッキングの工夫をしたが、このときの経験は、たぶん、今も生きている。

それほど昔ではないが、でも、ちょっと昔。チベットの山の頂を踏んだあと、〝しんがり〟として、フィックスロープの回収や、前進キャンプの撤収などをしながらC1まで下ってきて、自分のテントに入ると、一足先に下ったDさんが私に残しておいてくれた装備が一分の隙もなくたたまれ、見事に整頓されていた。登山史に足跡を刻んできたそのひとの力量を見せつけられて、思わずうなったことを今でも思い出す。

昔はよかった、という話ではなく、今の若い仲間たちにもこうあってほしい、というお話である。

若いっていいなァ

氷雪技術の講習会で、西穂山荘へ登って行く途中、同じパーティーの受講生に指示を出す。

「よし、ここからあそこまでラッセル！」

踏み跡から一歩脇は、前日降ったふわふわの雪の斜面。受講生たちの背には幕営具一式を含めた重装備。他を大きく引き離して登り切ったのは20代の最年少の受講生である。相対的な若さではなく、絶対的に年を食ってしまった私たちには、若いということはそれだけで素晴らしい。こんな時の馬力も違うし、呑《の》み込《こ》みも早い（と思いたい）。

山荘に着いて早速、設営を開始。テントを張ることに慣れていない受講生たちの手際が悪いことおびただしい。時間がかかった。風もなく暖かい日で助かった。

「ちゃんと靴の雪落として、一声かけて入れ」

「ザックを隅に置いて。もっと後ろに下がって座れよ。体の大小にかかわらず場所をとって、ほんとにただ邪魔くさいばっかり、ってやつがいるんだ」

テントに入るところから荷物の位置、テント内の自分の身の処し方などなど、多分、自分の会ではあまり言われたことがないのだろう。受講生の返事に間があったり、不服そうな表情だったり。

「今のうちに箸の上げ下ろしから叩きこむからな」

「え？　箸の上げ下ろし、って……　お箸の……持ち方ですか」

「そうじゃなくて、一挙一動のことだよ（苦笑）。テントの中のお作法。要は細かな生活技術の基本だ。特に君はテント内で失敗した前科があるらしいからな……」

「じゃ、ボク、狙われてたんですか？」

最年少の受講生との会話だ。狙うなどと言葉は悪いが、私が意識的にパーティー分けをしたので、そういうことになる。彼自身、これまで我流でやってきた山を基本からやりたいというのが受講動機らしいので、私の勝手な思惑はそれほど大きなお世話ということでもないだろう。

だまされたと思って

「すぐにコンロ、セットして火、つけろ」

「ブス板は？　ガス・ヘッドは誰が持ってる？　カートリッジは？」

「おい、テントの真ん中にケツ向けるナ」

矢継ぎ早にあれこれ注意を飛ばす。火器をセットして湯をわかすことも、今はガス・コンロのバルブをひねってライターで点火するだけだが、ひと昔前のホワイトガソリンが燃料の火器は、点火の前に、燃料タンクの空気圧を上げ、燃料を気化するポンピングとかプレヒートとかいった作業が必要で、短時間に火器に点火できるかどうかは、メンバーの力量を示す指標でもあった。コンロにコッフェルを乗せている際には、必ず誰かが手を添えているとか、脇に下ろすとか、テントの中で動いたり、出入りする場合には一声かけ、他の仲間が火器をガードする体勢をとる、など、テントの中で自然に体が動くように訓練されているのが当たり前で、テントの真ん中には常にコンロがあることを念頭に、ウォールの方を向いてザックの整理や作業をするな、というのは常識である。

テント生活

　これらは今でもやられていることだが、相変わらずテント内の火器の事故が多いのは、こうした〝しつけ〟や〝訓練〟の機会が少なくなってきていることも理由のひとつのように思える。昨今は、一人とか二人の単位でテント生活をするひとたちが増え、しかも装備も格段に性能が上がって、そういうしつけや熟練をやかましく言わなくともなんとか使えてしまうようにできている。

　それはある意味ではいいことだが、使うひとたちが、仕組みも理屈も知らないまま、これを押せばこうなる、というエンドユーザーになってしまって、自分で考えないで、結果だけつじつまが合っていればそれでよし、という傾向が顕著である。困ったことに若いひとだけでなく人生に年季の入った新人もまたそうなりつつある。

　だから、その気になって受け止めようとしてくれている仲間、特に若い仲間たちと一緒にテント生活を送る機会があると、できるだけ伝える必要のあることや基本を渡したい、と思ってしまう（相手にとっては迷惑なことかも知れないが、率先垂範、自分にできないことをやれ、とは言えないから辛いのだぜ、こちらも）。

　〝文句言う前に、だまされたと思ってやってみろ。一人前にできるようになったら、そのことの是非、取捨選択をして、自分のやり方を作っていけばいい〟そう思いながら吠《ほ》えているのだが、打てば響く対象に出会うとさすがに嬉しい。

　講習会の別れ際、例の若い仲間に、「さっき話してた本な、絶対面白いから読んでみろよ」と声をかけると、「ええ、もうスマホでチェックしました」という返事が返ってきた。

どうやら、今回の若い受講生は、私の話をスルーしないで聞いていてくれたようであった。

（二〇一七・二）

COLUMN

箸《はし》。もっぱら「割りばし」。

登山用具店で、フォークやスプーンなどカラフルでコンパクトなセットが並んでいるのを見ると、使ってみようかな、と思うこともある。

使ったこともあるが、長続きしたためしがない。

やはり私の「武器」は「箸」である。難点はスプーンのように汁物を掬《すく》えないことだが、食材の準備や調理などの際には、つまむ、挟む、突き刺す、開く、捌《さば》く、混ぜる、焼く、かき回す……と、使うひとの器用さによってはほとんど万能に近い。

マイ箸などはピンからキリまであって、そういった箸を大事に丁寧に使っているひとをみると、そのひとの心持ちがうかがわれて微笑ましいが、私自身はもっぱら「割りばし」専門である。手間も不要。コンビニなどで総菜などを買うとつけてくれるあれを、ザックの雨蓋の奥に一膳か二膳入れておけばそれでOK である。たいてい、仲間も余分に持っていたりして助けられることも多い。

袋を破れば、新しい箸が使えて清潔である。

使い終わったものは二つに折ってゴミと一緒に持ち帰ればいい。

冬には、設営に使う竹ペグの「竹」の代用にもなる。

30 考えてみよう「政治」と登山

「読んだ?」

「あ、読みましたよ。手数料って、いくらくらいなんですかね」

「一回、千円とか一万円とか……、そんなのだったら使ってもいいですね」

「タクシーと違うぞ」

3月上旬、埼玉県の自民党県議団から県の防災ヘリコプターによる山岳救助で手数料を徴収する県条例改正案が出されたとき、仲間とこんな話をした。全国連盟は、この改正案が時代に逆行するものであり、本会議で可決されることのないように、と要望書を県議会議長に出したが、残念なことに有料化が決まってしまった。

五万円程度を徴収することで、「登山者の注意が喚起され、無謀な登山の減少につながる」とのことだが、そうは思えない。逆に「これくらいなら……」と、安易な要請が増えそうな気がする。他の自治体との平等性、整合性など、これから議論が広がりそうだ。

これは、私たちが登山を続けていく上で、かなり深刻な問題で、みんなが声を挙げていく課題だと思うのだが、私たちも私たちの周りも少々感度が鈍いような気がする。

ヘリコプター今昔

どこかに以前書いたことがあると思うのだけれど、もう40年も前のこと。滝谷で、先を譲ったパーティーが落とした石を仲間が受けて、ヘリコプターを要請したことがあった。その時、無線機から最初に聞こえてきたのは、「費用は誰が負担しますか?」という言葉だった。「助かるんなら、家でもクルマでも売ったるわい」と、即座に腹をくくって自分の名前を伝えたことを鮮明に覚えている。

当時は、ヘリコプター要請をするとなると、まず民間のヘリ会社、ダメなら警察、最後に自衛隊と、順に飛べるヘリを当たっていくことになっていた。あの時は、たまたま民間のヘリが出払っていて、立川から自衛隊のヘリが飛んで来てくれたので、私の決意は空振りに終わったのだったが、民間のヘリを使えば、後始末に相当な費用がかかる（今でもそうだが）ことを覚悟しなければならない時代だった。現在のように山岳救助でヘリコプターが一般的に使われるようになったのはまだ最近のことなのだが、安易な救助要請が増えて、社会問題化していることも事実だ。

余談だが、私の所属する愛知県連盟には、いわゆる労山の趣意書とは別に、１９６９年に発足したときの県連盟独自の『趣意書』があって（それを知っている人も覚えている人もほとんどいなくなったが）、そこには、活動の柱のひとつとして「ヘリコプターの常駐配備をめざす」ことが謳《うた》われている。「権利としての登山」を実践するために登山する条件を広げる運動のひとつに位置付けられていたわけで（そういう要求をする登山団体は、当時の行政にとっては煙たかっただろうなぁ）、現在のような状況を五〇年も前に見据えていた先輩たちの慧眼《けいがん》には恐れ入るばかりである。

「政治的」問題は避けられない

新年度は労山の地方連盟や加盟団体で総会が開かれる。年間の活動総括と方針を決める大事な会議だが、その議案書の「総括と方針」の中で、私たち登山者を取り巻く情勢（社会的背景）について触れるところは少なくなった。最近はそういった事象に触れない、というよりむしろ避ける傾向にあるようだ。逆に、ほんの少し、安保関連法案とか自衛隊の駆けつけ警護とか、年金、健康保険、介護保険の改悪、長時間勤務や非正規雇用の増加など日常的な社会状況や問題を羅列しただけで、「そういう政治的なことを書くと、若いひとが引いてしまって組織拡大の妨げになるのでは……」などという意見が出てきたりする。かといって、「仲間を増やそう」という積極的な主張をしているわけでもない。「これのどこが（政治的なんだ）？」と言いたくなるが、そういう感覚のひとたちが増えてきているのも事実である。政治的（だと言われる）問題に触れるべきだ、とか触れなければいけない、というのではなくて、自分たちがどういう社会的背景のもとで、登山という文化・スポーツをやってきたのか、これからやっていこうとするのかを明らかにすることは大事ではないか、と思うのだが。

あえていえば、国有地を破格値で右翼に叩き売って、首相の関与（官僚の〝忖度《そんたく》〟も）が取り沙汰されている問題も、これまたその渦中にある首相が憲法を拡大解釈して作った安保関連法案も、「残業時間100時間未満」という過労死ラインをはるかに超える上限規制も、ヘリコプター問題も、みんな、権利としての登山、平和あってこその登山、そして、健康で文化的な生活を享受する権利を謳っている私たちが、真正面から取り組んでいかなければならない「政治」問題だが、実際に長時間労働を強いられたり、休暇がとれなかったり、理不尽な働き方をさせられていて、山に行く時間も十分にとれていない（であろう）ひとたちから、現状肯定のまま、「そういうことに触れない方がいい」という発言があるところに、少し危惧《きぐ》を覚えちゃうのだ。

とても、彼らが自分たちの拠って立っている登山団体の理念や歴史を踏まえたり、理解しているとは思えないし、ひょっとすると、会そのものも、そういう話やこれまでの取り組みのプロセスの継承がされないまま時が流れて、ただ山に登っていればいい、というひとたちの集まりになってしまっているような気がする。

仲間を迎え入れることの意味は、みんなで登山する条件を広げる努力をしながら山登りをしようということで、問題があれば、声を挙げることが大事だし、声を大にし、力を合わせてそれらを解決しようとすれば、やはり組織の足腰は強く大きくなることが必要だということだ。少数だけの少数精鋭はありえない。量から質への転換、といわれるように、多様な力を持ったひとたちがたくさん集まっているところから質の高い登

ヘリの配備も……

山が生まれる。私の山岳会はこういう活動をしている、こういう登山を目指しているんだ、ということを正確に外へ向けて発信していくことで仲間を増やす、そういう基本的な視点が大事である。「政治的」な問題を考えることは、登山する条件を広げていくために避けて通れない。

こうした基本的視点を抜きに、組織拡大もまた考えられない。そういうことを考える季節である。

（二〇一七・五）

COLUMN

ヘルメット

帽子とかヘルメットとか、頭に被《かぶ》るものは大嫌いなのだけれど、長年の習慣で、ヘルメットを被らないと怖くて岩に取りつけない。シートベルトをしないと落ち着いて運転できない、あの感覚である。

私のヘルメットはもうこれで何代目になるだろうか、割れたり、ベルトが切れたりしてやむなく新しいものに替えたほかは、いまだに旧式のヘルメット然としたヘルメットで、ダサくて傷だらけだが歴戦のつわものである。最近はうんと軽く、うんとファッショナブルになってきているけれど、なかなか新しいものに替える気になれない。

しばらく前までヘルメットを着用するのは岩登りや沢登り、冬山、バリエーション登山などをするひとたちに限られていたようだが、昨今はヘルメット着用推奨山域などが設定されて、一般の登山者にも広く普及しつつある。落石から頭を守るという役割以上に、転滑落、墜落時のヘルメット着用者の助かる確率が非常に高いことが大きな理由だと言われている。これからは登山に必携の装備になっていきそうである。

31

「想像力」のある登山

「先日、ゲレンデで事故があって大変だったんだって?」

「二人パーティーで登っていて、トップが落ちて大けがした事故があって、現場の近くにいたひとから聞いたんだけど……」

「なんか、確保外しちゃったらしいな?」

「聞いた話ですが、トップは登り切って、セカンドに確保してもらってロアーダウンするつもりでいたんだけど、セカンドはトップが懸垂下降してくるものだと思ってたらしい。セカンドが自分のボディーの確保を外したところへ、トップがテンションかけて、そのままザイルが流れて落ちてしまった。30メートルのピッチで、60メートルのロープを折り返して末端は固定されていたらしいけど、ロープの〝伸び〟があってグランドフォールしちゃったみたいです」

「それって、お互いの状況をろくに確認もしないで、てんでに勝手な動きをしていたってことだよな。技術とか装備以前の問題で、上と下の意思疎通が全然なかった、ってことだろ?」

「そうなんですよ。それが言いたかったんです!」

ロープは何本?

5月上旬の春山合宿の打ち合わせでの会話だ。さあ動くぞ、というときに、仲間同士、今、お互いがどのような状態で、自分が何をしなければならないかをきちんと確認することは基本中の「キ」である。それは意思疎通の課題であると同時に、もっと自分自身に引き付けて、あえて言えば、次の動きの前に、「これをしたらどうなるか」まで考える、行動の結果を「想像する」ことが大切だ、ということだ。

つい先日、県連盟の春山合宿の遭対連絡会議の席上で、各会から出された計画書を見ていて、ある会の計画書の装備のところで目が留まった。

「12人で3パーティーか。この時期に、岳沢から奥明神沢を詰めて前穂へ行く行動単位としては、まあ、こんなものか。あれっ、ちょっと待てよ、3パーティーなのに、ロープは一本しか持っていかないのか?」

「パーティー、分けますけど、一緒に行動することになるので……」

「だったら、なおさらじゃないか。各パーティーが独自に動く場合には一本ずつ、一緒に動く時には12人に一本じゃなくて、各パーティーのロープを出し合って、交互に確保したり、つるべで張ったりして使えるだろ。年によって状況が違うんで、今年はどうかわからないが、すんなり登れてしまうこともあるけど、テカテカに凍ったら確保しないと下れないこともある。そうなったら、一本しかない、というのは命取りになるぞ」

準備と行動。結果をイメージしているか?

昨年の春、こんなことがあった。

9人のパーティーが北穂沢を登り、山頂を踏んで下降に移る際、上でサブリーダーが確保し、リーダーが先に下って、雪面にロープをフィックスした。最初のメンバーがそのロープにプルージック結びをしてリーダーのところまで下り、後続のメンバーを受け入れるため、メンバーはプルージックを外し、斜面を数メートルトラバースした。その時、足元の雪が崩れて、200メートルほど滑落して傾斜の緩くなったところで止まった、という負傷事故が報告された。

幸い大事にならずに済んだが、報告では、風で飛ばされた雪が斜面に乗って非常に滑りやすい状況だったことや、メンバーのスリップ直後の初期停止の技術が不十分だったということがその会の反省として出されてきていた。

「問題はそれじゃないわな。そういう足場の悪いところで、プルージックを外して待機するための確保支点が作ってあったわけでもないし、その先の下もまだフィックスが要るところなのに、次の確保ロープも張られていない。にもかかわらず、下りて来たメンバーがどうしてプルージックを外さなければならなかったか、ということだろ? で、聞いたら、9人のパーティーで一本しかロープを持って行っていない。つまり、その一本のロープを張ったら、全員が下り終えて、そのロープを回収するまでは、そこで待機するメンバーを確保するために張るロープも、次のフィックスをセットするためのロープもなかったわけだ」

ロープを伝って下ってきたメンバーは、終了点で、ロープにかけたプルージックを外し、全員が下って、最後にサブリーダーが下ってロープが回収され、それが再び下部にフィックスされるまで、無防備の状態でその位置で待機していなければならない。最初に下りてきたメンバーは、次に下りてくる仲間のために、場所をあけようと脇にトラバースしたそのときに滑落したのだった。

ロープの意味と役割を知ること

合宿の山域を選ぶに当たって、5月の北穂沢がどんな状況かは把握されていたはずだし、当然メンバーの力量やパーティー編成、そこに登るための十分な装備の検討がなされていなければならなかったはずである。

「気になったので、共同装備のツェルトのことも聞いたら、9人パーティーで2〜3人用のを一つだけだって、当然のように言うんだ。みんなで被って雨風を凌ごうと思っても、これじゃあ半数は中に入れない。なにかあったら……ということは端から念頭になくって、基本的な装備の認識や、万が一に対する意識も弱い。会の体質だ。あえて言えば、この装備やパーティー編成で、ひとつ間違うとどんな結果を生むか、その場合にどう対処するか、ということをイメージする〝想像力〟が欠如していると思うんだ。だからな、山域は違うけど、パーティーを三つに割っても、ロープ一本じゃあ、この事例と同じだぜ。各パーティーで一本ずつ持って行くようにしたら?」

「わかりました! すぐに会で対応します」

その日のうちに、装備の数量を訂正した計画書がメールで送られてきた。

この仲間は、すぐに理解して対応してくれた例だが、言われている内容が理解できない、あるいは頭の中でイメージを結ばないと、何度口酸っぱく言っても、同じことや、同じパターンの事故が繰り返される。

事故が起きてから、「ああしていたら……」「こうしていれば……」〝よかった〟という「たら」「れば」では意味がない。

事前に、「こうすれば……」「ああしたら……」〝どうなるか〟を考え、イメージすることができる「想像力」、それを踏まえて行動できる登山をしていきたいものだね。

（二〇一七・六）

転んで初めてわかる話?!

山頂を踏んで、登山口に下って来た。ここから駐車場まではしばらく林道のダラダラ歩きになる。気が緩んだのか、パーティーはばらけて、二人、三人と横に並んでおしゃべりが続く。メンバー間が離れているのもかまわず、話をしながら歩いている。先頭を歩くはずのサブリーダーも集団の半ばに下がって話をしている。

転倒事故の発生は下山時、それも登山口から駐車場に向かって歩いているときに多い。特に話に夢中の女性が、足元がおろそかになって転倒、手首をついた、足をひねった、家に帰ってもその痛みがひかない、受診したら骨折していた、という事例が定番のようになっている。いつも、登山口に出てからの、「自分の世界」に入ることの危うさを、訴えているのだけれど、なかなか形にならない。登山口から駐車場までの間の事故はリーダーの責任である。駐車場まであと少し、という地点まで来て、シビレが切れた。

「パーティー、整えて」

と先頭のサブリーダーに声をかけたのだけれど、動く気配はなく、相変わらずのぞろぞろ歩きが続いた。聞こえなかったのか無視されたのかはわからない、どうってことはない、と、ナメられていたのかもしれない。

しばらくたって、ザザッと滑る音がして、メンバーの一人が尻もちをついた。座ったまま、「痛い！」という声をあげていたが、傍らに立った私の顔を見て、口をつぐんで立ち上がった。ここではじめて、このことが、どういう事態なのか、に思い当たったらしい。その瞬間、バラバラだったメンバーは、一斉にパーティーを組み直した。

んなら、ちゃんとやれよ！　とは言わなかったけれど、情けなさと腹立たしさを覚えつつ、最後尾を歩いたのだった。

なんだ、聞こえているんじゃないか。わかっている

“リアルさ”の実感

これも先日のこと、登山学校のクライミングコースの実技があった。天候は快晴。この日は、鈴鹿・藤内壁の前尾根の登攀。変化に富んだマルチピッチだけに前尾根の人気は高く、時によっては大渋滞になることもある。幸い、この日は最初の取り付きで順番待ちをしたほかは、追いもせず、追われもせず登って行くことができたので、実技としてはいい条件だった。

そろそろ体力に陰りの見えているコーチに担当スタッフが配慮してくれたらしい。私のパーティーには受講生と、私なんかよりずっとうまいアシスタントコーチ（ＡＣ）が配置されていた。前日も別の山行があったので、正直、これはありがたかった。

で、今日のリードはＡＣに任せて、私は、受講生に注意を与えながらすぐ後ろを登って行く。自分でロープを伸ばすのではなく、上で確保されて引き上げられるのは久しぶりだ。受講生と一緒に、セルフビレイをとり、ロープをさばき、トップの確保をし、コールをかわし、中間支点を回収し、ロープを引き、巻く……、登り切って自己確保をして、久しぶりにセカンドとしての作業をしたのだったが、受講生の動きは何倍も遅い。ミスや問題点を注意すると、さらに時間がかかる。こうした手順や準備のもたつきは、これから彼らが自分たちで本番の岩登りをしていくときに命取りになる。

「遅い」、「もっと練習を」とは、よく実技のあとのミーティングでコーチングスタッフから言われることだが、

マルチピッチの取り付き
（御在所岳前尾根にて）

「言われたから、注意されたから、やる」ということではない。一刻も早くセルフビレイをとって自分を安全圏に置き、ついでパートナーを確保しなければパーティーの安全はないのだ、という切羽詰まった状況では、もたもたしてはいられない。そういう場面を切り抜ける、そのための必死さというか切実さが受講生には欲しい。

テンパってしまった、真っ白になった、こういった言葉（これはここ10年くらいの間によく使われるようになった便利な言葉だ）で受講生は自分のできなかったことを表現することが多いのだが、命がかかっている場面で、それで許されるか、ということである。もう少し言えば一緒に登っているスタッフもそういう表現を肯定してしまって、「トレーニング」や「スキル」を求めているような気がする。

ロープが伸びきった。ここまで、中間支点をとる場所はひとつもなかった。降りるに降りられない。落ちたら最後だ。確保支点さえあれば……小さなホールドにやっと立って、必死に周囲を見回す。あった！　目の前にたった一本だけ打ち込まれたピン……、それと同じような経験をしろ、とは言わないけれど、テンパってしまった、真っ白になった、そんな言葉が言い訳にはならないリアルさをどこかで感じてわかってもらうことは大事だろう。

わかっていてもできない、その場に立たないとわからない、そんなことがいっぱいあるのだけれど、何かをきっかけに、「わかる」ことが大事だと思う。社会生活でも登山でもね。

体調や体力に不安を抱えると、守りに入って、その分、なすべき指摘や本来の筋を追求する矛先が鈍る。自分でできないことをやれとは言えない。やっぱり気持ちを奮い立たせて、吠《ほ》えないとだめか。

（二〇一七・七）

32

登山者の変化は会の中にも。

越後三山のひとつ、八海山に登った。山開き二週間前のウィークデー、おまけに雨とガス、とくれば当然人も少なく、視界十数メートル、眺望なし、というコンディションだったが、その分、足元だけが目に入って、たっぷりの残雪、いっぱいのお花を楽しみ、ついでに鎖場でもたくさん遊ばせてもらった。

八海山の山頂部は岩のピークが連続する八ツ峰と呼ばれる部分で、登り下りすべてが鎖場になっており、けっこうスリリングである。途中、トレランスタイルの単独の登山者が、私たちを追い越していった。上から見ていると、垂らされた二本の鎖をそれぞれ左右の手で摑《つか》んでぶら下がり、岩に足を突っ張って下っている。腕力だけが頼りの下り方だ。鎖も絶対安全とは言い切れない。見ているこちらがコワいし疲れる。

「腕力でぶら下がるんじゃなく、鎖は支え程度にして、岩の突起や窪みに、足で立つようにして降りてみてください。楽だし、安定しますよ」

「あ、そうなんですか。ありがとうございます」

中にはプライドの高いひともいて、とんでもない反応が返ってくることもあるので、遠慮がちに声をかけたのだが、素直な返事でホッとした。多分、これまで、誰にも教えられず、誰からも注意されないまま、いろんな山を「走って」きて、出くわした鎖場ではこんな登り方や下り方をずっとしてきたのかもしれない。仲間や組織で、というより我流で好きに登る形へと変わってきていて、技術を学ぶ場がますます少なくなってきているような気がする。

合宿。ウチの場合

「どうなっちゃってるんでしょう。合宿の打ち合わせになると、さーっと潮が引くように半分以下しかいなくなる」

「きっと、合宿には行きたくないんですよ。自分の行きたい山行がいっぱいあるから」

「そんなものですか？　合宿って会の〝華〟だと私は思うんですが……」

「もう古いのかも。山に登るひとたちの意識も変わってきてますから」

合宿を大事に思っている仲間との会話だ。冷めた言い方が私。多くの山岳会で夏山合宿の準備が進んでいる頃だろう。でも、この「合宿」という言葉は、山岳会でも〝死語〟か、残っていても、その意味についてはほとんど語られない。多くは、「合宿」という冠がついた、いつもよりちょっと長い休みがとれて、普段なかなか行けない山域へちょっと足をのばして登るチャンス、ぐらいの認識になっているのではなかろうか。だから、「合宿を通して何をかちとるか」という課題をまともに会の中で話し合うこともないし、日常の登山の延長で、「目の前の山に登る」ことだけが目的になってしまうことが多い。

私の所属する会では、「合宿」の取り組みは、「意義と目的」を考えるところからスタートする。最大公約数的な日程がおおよそ決まると、参加できるメンバーが決まってくる。本番から逆算して、打ち合わせ、トレーニング山行などのスケジュール、そして最後に山域が決まる。最初にどこそこの山ありき、ではなくて、今回の参加メンバーで、この日程で、目的を達成するためのフィールドとして適切な山域はどこがいいと考えられるか、が基準になる。

山域は目標ではなく、目的達成のための手段である。参加者が、準備から本番までの共通の体験を通して、〝新しい会員は知識や技術の「習得」を、経験のある会員は教えることを通して「習熟」し、会の登山力量（山行力量ではなく）の底上げを〟していこう、というのが基本的な考え方だ。

会員は登山の基本をみんな合宿で学んだ、今の会のベースは、みんな合宿によって造られてきた、言い換えると、合宿は、山岳会（という教育機関）が会員を育てていくシステムなのだ、私はそう思っているのだが、こんなカビの生えたような討論をするより、そして「合宿」というだけで何カ月も前から準備活動にしばられるよりも、気の合った何人かで行こうと思えば、そんな手順はすっ飛ばして、合宿で行く山よりよほどグレードの高い山域やルートに行けてしまう、と考えている会員もいるはずである。

自分の果たすべき役割を横に置いて、自分の行きたい山を歩く（登る）ことだけを考えれば、会の合宿なんてバカらしくて、ということになるのかもしれない。でも、場面の共有と問題の指摘・伝達の機会は大事である。

岩場を歩くトレーニングで、仲間が張ったフィックスロープを伝っていくと、中間支点が谷側の立ち木に取られていたり、沢登りで、高巻きで一番足場の悪い屈曲した地点やトラバースの部分で、張られたロープに中間支点がセットされていなかったりする。その場で問題点を指摘し、注意を与えていくことが、仲間に知識を具体的な形で理解・吸収させることができる機会だろう。こういう場を踏むことが身についた技術になるはずだ。

学び、学び合う。習得と習熟

愛知県連がかつて取り組んでいた「子ども冒険学校」（今は「子ども冒険学校協会」というNPO法人に引き継がれている）で、100人を超える子どもたち一人ひとりにヘルメットとワラジ、命綱をつけさせて、沢登り（沢歩き、ではなく山ヤのあの、沢登り、である）を体験させるためのルート工作をしていたときのことだ。

「こんなところに結び目を作って。何を考えてるんだ、お前たちは！」

右岸から左岸に張られたフィックスロープを見た先輩に、ものすごい剣幕で叱られた。二本のロープをつなぎ合わせた結び目が沢の真ん中に作られていたのだ。これでは、子どもたちはプルージックで通過できない。

鎖場、ハシゴ場の通過（八海山で）

結び目を通過するためには、流れの中で自分の命綱を外さなければならない。

何のためのフィックスなんだ？　ここがどういう場で、この仕掛けは何のためにあるのか、ここを誰が通るのか、そのことを考えもしないで、ただ張っただけじゃないか。

自分が張ったわけではなかったのだけれど、それを見ていながら、疑問にも思わず、指摘されるまで気づかなかった自分を恥じた。あの時の先輩の激しい叱責は、今でも意識の奥に深く刷り込まれている。かつてはこんな経験をしながら、フィックスの意味と技術を学ぶことができたが、今はどうだろう。

これからのシーズン、事故の多発が心配である。初歩的な知識や技術の未熟さが指摘されてきたが、昨今は自己流の登山者が増え、基本的な知識としては持っていても、それが具体的な形で使えない、理解に結びつかない、情報の共有ができない、などが遠因になってきているような気がする。聞かない、聞けない、聞く相手がいない。それは未組織登山者にとどまらず、山岳会の中でも同じ傾向にありそうである。初心者の「習得」と、経験者の教えながら「習熟」する、という相互の関係がだんだんと希薄になってきている。

（二〇一七・八）

33

ドキドキハラハラは写らない

「あっちが前穂、こっちが奥穂、あれがスマホ」
などと冗談を言っても、誰も笑ってくれないくらい、どこの山頂でも何本かの手が空中に伸びて、かざされた平べったい板でカシャカシャやるのが普通になった。切り取られた景色は、瞬時にどこか別のところに送られて、すぐにリアクションが返ってくる、そんな時代になった。

登って来たパーティーが私たちの前で立ち止まった。足がもつれている。息が荒い。

「まだ空いてますか?」

「ああ、結構張ってるね。でも、この先の灌木《かんぼく》の下が空いてたよ。もうちょっとだ、頑張れ!」

テントを張るスペースの話である。

鈴鹿山系の雨乞岳《あまごいだけ》(1238m)の北側に、杉峠をはさんで佐目《さめ》峠、イブネ、クラシと続く顕著な台形の尾根が横たわっている。イブネの周囲は、かつては背丈を超えるササに覆われ、いったん踏み込んだら迷うこと必至の秘境だったが、近年のササ枯れは、その一帯を素晴らしく見通しの良い台地に変えてしまった。誰もが入りやすくなった山域は、鈴鹿離れした景観の美しさもあって、最近は、ここにテントで一泊、というのが若い登山者のトレンドになっていると聞いた。

やっと登ってみれば……

イブネに入る登山者の多くは、滋賀県の甲津畑《こうづばた》や、三重県の武平《ぶへい》峠から、杉峠や雨乞岳を経由して登ってくる。よく踏まれた道は迷うことも少ない。

私たちは武平峠から沢谷、クラ谷、コクイ谷など複雑に入り組んだ沢筋を縫って愛知川本流に出てクラシ谷を詰め、イブネから杉峠、雨乞岳方面に向かう逆コースを歩いて来ていた。愛知川本流の周辺は似たような景色が続いて、現在地と進むべき方向をしっかり押さえておかないと、時としてうろうろすることがある。谷に入ると、踏み跡はなかば廃道化し、沢筋の様相も怪しくなってくる。谷の中の岩につけられたペイントの目印も岩屑に埋まっていたり、記憶にあった顕著な滝が土砂で消えてしまっていたり、上流部の山腹から尾根に登る地点も来るたびに微妙にズレているといった具合に、読図、遡行《そこう》、ルートファインディング、ロープワーク、身のこなし、その他、結構いろんな要素が詰まっているのが、こうしたルートの面白いところだ。

はい笑って（イブネ北端で）

「文句があるんなら口で言え、黙って石、落とすんじゃねぇ」

　浮石の多いぼろぼろの山腹を登るときは、石を落とさないために、どこにどう足を置くか、ひとりひとりが感覚を総動員し、必死に頭を巡らせることになる。

　やっとのことで痩せた尾根の上に這《は》い上がって、現在地、進行方向を確認し、稜線の樹林を抜けると、一気に眺望が開け、平坦《へいたん》な台地状の尾根が広がる。ワーッと叫んで駆け出したくなるような景色だ。

　緩やかな起伏を越え、灌木や背の低い下草の中を進んでいくと、前方に張られた色とりどりのテントが目に入ってくる。そのほとんどがソロ（一人用）テントだ。灌木の間に、ちら、ほら、と、登山者の姿。その横で、風にあおられるテントをおさえて、ひとりで設営に苦労している姿もある。その間を縫って、小さな印でやっとそれと知れる「イブネ」のピークを過ぎ、その先の佐目峠を目指して下る途中で、先ほどのパーティーに出会ったのだった。

インスタ映え

「息が弾んどったナ」

「そらそうでしょ。テント場確保しようと、一生懸命登って来たんだから」

　彼らとすれ違ってすぐ、佐目峠に着いた。水場が近く、灌木に囲まれた静かな平坦地で、テントの脇に立てば、周囲の山々の連なりが指呼の距離に迫る。イブネのような広がりはないが、あのテント群からは想像もつかない穴場だ。

「ここはこんなに静かで、風もないのにね」

「水も近くでとれるし。なんで、あんなところでテント張るのかね」

「やっぱりインスタ受けするし……」

「なんだ？　そのインスタ受け、というのは……」

「インスタグラム。簡単にいうと、写真に特化してSNSで共有するスマホのアプリで、写した写真をアップすると、その写真を見たひとが、いいね、とか、すごい、とか言ってくれる。そういうウケ狙いの写真が撮りたいんで、インスタ映えするところを選ぶんです」

「要は、写真写りのいいところで、みんなに〝すごいね〟とか言って欲しいわけか」

「そう。だから、アップされた写真が刺激的であればあるほど、ウケるわけですよ。岩登りでも、そう言って欲しくて始めたひとも多いんですよ。登れるかどうか、とか、危険だとか、そんなことよりも、写した写真の中に自分がいる、その場所がどんなにきれいか、どんなにスゴイところに見えるか、みんなにウケるかどうかが大事なんです」

苦労しないですんなり目的地に達しても、命からがらたどり着いても、同じ場所に変わりはない。そのプロセスがどうあるべきかというのは個々の山登りに対する価値観の問題である。次に何が出てくるか、というドキドキハラハラの面白さや、充足感・達成感は写真には写り込まないし、静かで水場も近く、風などの自然の脅威も避けることのできるテント場の快適さも写真には写らない。

そんなもの、ひとに知ってもらおうと思ってやっている訳じゃないんだから、いいじゃないか、と思うけれど、インスタ映えする写真目当てで（みんながみんなそうではないはずだが）あそこでテントで一泊とか、岩登りをやりはじめたり、私たちなら二の足を踏むような山域や登り方も、平気で行ったりやっちゃったりするひとたちがいると聞くと、なんだかちょっと悔しいような腹立たしいような気もする。うらやましいのかも知れない。

写真は嘘つきだからなぁ。


（二〇一七・一〇）

34 ストックの習熟について

今年の7月末、北アルプスにはまだ雪が多く残っていた。いったん渡った雪渓を、ストック（私たちは、一般的にこう呼んでいるが、最近ではトレッキングポールと呼ぶらしい）を抱えて引き返す。端で待っていた仲間たちが、ホッとした表情でストックを受け取り、雪面を歩き始めた。

会の夏山合宿。総勢13人、3パーティーで北アルプスの唐松岳《からまつだけ》から白馬岳《しろうまだけ》まで縦走した。

不帰《かえらず》の嶮《けん》で私たちを追い越していった登山者から、〝天狗山荘からの雪渓のトラバースにはアイゼンが要る〟という話を聞いた。パーティーリーダーたちはちょっと深刻な表情になった。アイゼンの準備はない。雨は降ったりやんだりだし、ガスで眺望はないし、この先の天狗の大下りを登り切ってから、雪渓が渡れないとなってまた戻るのは大変だよなぁ、と、リーダーのひとりは、このまま引き返すことも考えたらしい。

私は、脳天気にメンバーの持っているストックが何本あるか勘定していた。以前、雪渓のトラバースで、「割りばし一本でも……」手がかりがほしいと思ったことがある。それに比べれば、ストックは強い味方になるが、パーティーで使い回しをして雪渓を通過したことはなかった。ストックについて考えてみる。

折れる、曲がる、こともある

積極的に支点を増やすことによって、バランスを安定・保持する、登下降の際の足への負担を軽減する……登山で使うストックは、そんな機能がある。ツエルトを張るポールの代用や、負傷者を運ぶ担架作りに使うこともある。

一般的に山で使われるようになって二〇年以上が経

過し、多くの登山者が当たり前のように持っているのに、使っているひとにとっては有用な装備だが、通常使っていないひとには邪魔くさくてめんどくさい装備でもある。ひとによって、その必要度が大きく分かれる装備でもある。少数だが、まだ杖《つえ》代わりとしてしか認識していないひともいる。

　ネットを開けば、機能、選び方、使い方、問題点その他あらゆる角度からストックを紹介した実に多くのサイトがある。どれが正しいのか、どれが一番なのか、ひとによって微妙にニュアンスが違っていて、多分、決定版といえるものはない。それらから偏見なく学ばせてもらって、実際の経験を通してひとつひとつ自分のものにしていくことが大事だろう。

　もうひとつ注意したいのは、ストックは使い方次第で曲がったり、折れたりすることがあるということだ。

　数年前、「下山中、ストックが折れて転倒、骨折した」という事故が起きた。それを受けて、問い合わせをしたときのメーカーの対応や、ストックを使っている仲間たちからブランド、購入時期、破損経験、購入時の説明の有無などについてアンケートをとった結果をまとめて、この「登山時報」上で、問題提起をしたことがあった。

　メーカーからは「SGマークのついていないものは強度不足のものがある。ストックはあくまで補助、基準以上の力をかければ折れる。その使用法や注意はショップを通じて行っている」という回答があったが、アンケートの回答者二六六人中、「破損経験あり」が二〇件（7・5％）、購入時の店頭での「説明あり」は四九件（18・4％）、強度についての説明は一件だけ、という結果だった。

　ネット上で、折れた、曲がったという経験を披露しているひとは多いが、ほとんど修理、交換などの「個人的経験」で完結してしまっている。点（個人）としての経験が集まって、面（層）としての破損や事故についての〝怖さ〟が見えてくるのだが、それらはなかなか摑《つか》みにくく、しかもほとんどそういう指摘も周知

バランス保持と足の負担軽減にストック
（キリマンジャロにて）

もされていない。

「ストックは折れる」ことを知ること、使用に当たっては注意が要る、という警鐘を鳴らすとともに、「基準以上の力をかければ折れる」というメーカーの回答に対しては、〝登山中に「これ以上体重をかけたら折れる可能性があるから、体重をかけるのをやめよう」なんて誰も考えながら使ってはいない。「折れるよ」と平気な顔をしてもらっていては困るし、そう簡単に折れては困るのだ〟、ということを言いたかったのだが、使っていないひとたちにとっては、この問題は他人事のようで、なかなか正面から受け止めてもらえなかったようだ。中には、「ストックに頼るような山登りはやめよう。そんな奴は山に登るな」という残念な意見や、「ストックはあくまで補助だから」という変に話のわかり過ぎたような意見もあった。最近はメーカーも使用説明書を工夫したり、使い方の講座を開いたりしているようなので、少しは声を挙げた意味があったかもしれない。

使う場面や収納の仕方も習熟を

話が前後した。唐松岳側から進んでくると、冒頭に触れた不帰の嶮は、最初の鎖場の出だしがおそらく一番厳しい。固定された鎖はそのまま2mほどの垂壁を下り、尾根と尾根の境をまたいで側壁を進むようになっている。ストックを使っているメンバーには、それぞれ短くたたんでザックにつけ、両手を空けて通過するように指示した。見ると、ストックの石突きがザックのサイドから上に突き出しているメンバーやザックの底より下に石突きが出ているメンバーがいる。一瞬、側壁を渡る途中、岩にストックが引っかかって転落、段差を下りるときに腰を落として、ストックが岩を引っ掻いて体が前に投げ出されて転倒、転落……そんな場面が頭の中に浮かんだ。彼らのザックに付けられたストックを外させ、さらに短くしようとしたが、ジョイント部分がうまく動かず、短くならない。

結局、こちらであずかって通過させたのだったが、本来の使い方はもちろん、場面に応じての収納が的確にできることや、日常的な手入れができていることなども含めて、「使える」ということなのだ、と改めて考えさせられた。

（二〇一七・一一）

35

天気と山に入る判断の間で……

天候不順だと言われる。国内だけでなく、世界的に、である。「世界的に天候が悪い」と言われて思い出すのは1982年の夏のこと。

フランスのシャモニで、周囲の針峰群を登ったことがあったが、滞在した4週間のうち、賞味11日しか登山活動ができなかった。ロジェールのキャンプ場が私たちの基地だったが、午後になると決まったように、オラージュと呼ばれる突風と雷雨に襲われた。雨の日は、テントから首だけ出して、コンロに寸胴鍋をかけてシチューを煮ながら天候の回復を待つ。周囲のテントのあちこちからは、ギコギコと、ピッケルやアイゼンにヤスリをかける音が聞こえてくる。こんな生活の記憶は今でも鮮明である。

あの年は国内も記録的な悪天候で、確か南アルプスだったと思うが、入山していた登山者がヘリで救出されたというニュースを聞いて、一緒にいた仲間たちと、大丈夫だろうかと話し合ったりしたものだ。

今年も地球温暖化の影響で、世界的な悪天候、国内でも局地的な豪雨や災害のニュースが続いた。従来のパターンが崩れ、天候の周期が当てはまらなくなっていて、中長期の山の天気を見通すことが難しくなっている。

雨でも決行……の理由

栂海新道という、3000mの北アルプスから海抜0mの日本海まで一気に下るルートがある。

もう40年も前、どうせなら後立山連峰の南端から縦走してやろう、と考えて、扇沢から針ノ木岳に登り、鹿島槍ヶ岳、五竜岳、唐松岳、白馬岳、朝日岳へと北上して日本海に抜ける一週間の計画を立てた。長い休みが取れない仲間たちが多かったので、前半は単独、後半は唐松岳から合流した仲間たちと一緒だったが、何よりも一人で歩いた三日間の記憶は今も鮮烈である。

針ノ木岳から五竜岳間の稜線はずっとガスと雨の中で足元だけしか見えず、山頂はただの通過点に過ぎず、立ち止まれば寒いのでそのまま歩き続けた。終日（テントの中でも）雨具を脱がなかったことが思い出される。その年は梅雨明けが遅く、関西地方の梅雨明け宣言を聞いてから入山したのだったが、予想以上に山の上の梅雨明けが遅かったのだ。

小さな親切大きなお世話。さぁ下山。

それでも縦走を続けたのは、天候好転への「期待」があったこと、エスケープルートがとりにくい山域だったこと、何よりも現在と違ってケータイは存在せず、連絡の手段がほとんどなかったことなどが理由だった。途中で合流する計画を立てたら、計画通りに合流するまでお互いの無事を確認する手立てがなく、余程のことがない限り歩き続けるしかなかった時代の話である。若かったのだ、当時は。

今でこそ、天気予報が当たる確率は九〇%を超え、各山域の天気もピンポイントでたちどころにわかる時代だが、その昔の天気の予想は難しかった。三〇年以上も昔、県連盟の登山学校で気象の講座を、気象台の職員の方にお願いしていたことがあって、私も受講生のひとりだったが、二時間の講義の大半が「なぜ天気予報が当たらないか」という説明に費やされたことを覚えている。

そんな時代に発足した私たちの会では、家を出るときに雨であっても、ともかく集合して登山口に向かう、出発するかどうかは現地で判断する、そういう気風ができた。事前に天候予測ができても予報を聞いても、家では降っていても、現地では曇りだったり晴れたりしていることもある。その逆もあるが、現地の天候を実際に見ればあきらめがつく。出発前に、「今日は中止」という判断をして、青空を見上げながら一日をむなしく過ごしたり、帰ってきた仲間たちから「いい天気だった」という話を聞いて、悔しい思いをしてきたからだ。

悪天下で行動することのマイナス面や是非は認識したうえで、悪天下でもめげずに行動する楽しさや、行動できる力を備えておくのは悪いことではない。なかなか山に行けない仲間たちに月に一回は山行する機会を保障しようと会で計画される登山を、私たちの会では定例山行と呼んでいるが、せっかくの登山の機会だし、教育的な意味合いもあるので、雨でもめったに中止はない。少々の雨でも歩けるような計画が立てられるし、仲間たちの意識も高く、覚悟も決まっている。もちろん事前にどうするかを判断することがないわけではない。また、現地で進退を判断するにしても、コースを変更するにしても、事前に計画に織り込まれていなければならない。

小さな親切大きなお世話(!?)

そう言いながらも、こんな経験がある。私たちの会では、会発足の大きな推進力となった「初めての登山」を忘れないように、と毎年、同じ日に同じ山の同じコースを登る登山を三五年続けている。一般のひとたちにも呼びかけて、百人近い規模の取り組みをするのだが、ある時、一般や子どもたち(そう、幼児から中学生まで、子どもたちも一緒に登るのだ)の参加が多いということで、雨の場合は山行を中止し、周辺で「裏番組」を実施するという計画が立てられたことがあった。

当日は雨。こりゃ、登山は中止だな、と思っていたのだったが、参加者の自己紹介は、「こんな天気ですが、頑張って登ります」「よろしくお願いします」という登る気まんまんの発言ばかり。雨だから中止、なんて考えていたのは会員だけじゃないか。こういうとき会員は、考えていることを誰も口にしない。最終的な判断はリーダーに押し付けられる。これもそういうパターンだった。

「これは、行くしかないな。途中で下りてくることになっても、はじめから中止するより、みんな納得がいくだろうし……」

ということで、計画通り決行。下山後の参加者の感想は、悪天のもとで登ったからこその満足感と達成感に満ちていて、裏番組なんて、それこそ小さな親切、大きなお世話だった。

秋晴れ、秋霖、さまざまな天候と登山計画とがどうかみ合うかによって、山は素晴らしいコンディションになることも、牙をむくこともある。標高や山の位置によっても、それは一様ではなく、紅葉の中を登ったのに、一夜明けたら雪景色で、アプローチシューズで雪面をキックステップする羽目になったり、暖かさに油断して防寒具不足で、途中から追い返されたこともある。

登山口までは行く、そしてそこで行くか戻るかを決める。最終判断をするまでは、往生際は悪いほうが後悔しなくて済む。ただ、足を踏み出しても、引き返すことも含めて早期に進退を判断することも大事だ。この逃げ足の早さが生き延びるコツだとも思っている。秋に限ったことではないけれどね。（二〇一七・一二）

COLUMN

サプリメント。その効用は…

「アプリ？」

「いいえ、サ・プ・リ、です。このサプリメントは、クジラとかの野生動物が、なぜ長時間動きまわれるのか、というところから考えられた、って聞いたんですけど…」

クジラだから、長時間“ホエ（ー）ル”こともできますよ、とは言わなかったが、

「だまされたつもりで飲んでみません？」

と、休憩の時に仲間がザックから取り出して渡してくれた。

気のせいか、休憩が終わって歩き出したときにいつも感じる、あの“だるさ”が消えていた。一歩一歩がラクだった。信じる者は救われる。

あとで、その仲間から、

「私もサプリメントなんかに頼るもんか、と思ってましたが、頼ることで辛さが緩和されて、可能性が広がるならいいのかな、と思ってとりいれることにしたんです。なかなか、ばかにできなかったでしょ」

と言われて、うなずくしかなかった。快適に登ることができるのなら、どんどんこだわりを捨てて、使えるものは使ってみよう、そう思わされたことだった。

36

外の声に応えること

「うう、寒い……。オレ、寒いの、嫌いなんだわ」
「よくそれで、冬山へ行くって言いますね」
「山の風よりも世間の風の方が冷たいんだぜ」

山の中ではそれほどではなかったのに、街の中に戻ってくると、寒さが堪《こた》えるのはどうしてだろう。あぁ、帰って来た、という安ど感で緊張が緩んでしまうからだろうか。だとすると、やはり、一定の緊張感と覚悟をもって、それなりの準備をして冬山には入っているんだなぁ、と、日ごろあまり考えたことのない、この季節に山に入る自分の無意識の意識、みたいなものに気づいたりする。

日本の山では、一般に一月二月が厳冬期と言われて、この季節に行われる登山は、それなりの重さと響きを持っていたものだが、昨今は暖冬の影響か、そういう冬山の区分が崩れて、年末になっても雪が全くないことも珍しくないし、ひとりで入山する登山者も増えてきているが、山域も行動も限定的にならざるを得ない。冬山を入り口に、登山組織について考える。

登山界の現状のひとつから

数年前の大晦日《おおみそか》、南アルプスの地蔵岳から下る途中、入山してくる多くのひとたちとすれ違ったが、その大半が単独の登山者だったことに唸《うな》った記憶がある。北アルプスと比べれば、雪も多くはなく、森林限界も高い、要所に小屋のあるポピュラーな山域とはいえ、これほどおひとり様が多いことに今さらながら驚かされた。

昨今、私たち山岳会の年末年始の合宿も、少人数で数日という規模になり、「会として何を勝ち取るか」などという目的はほとんど語られることなく、合宿という冠《かんむり》のついた日常の個人山行やグループ山行の延長線上で行われることが多くなっているようである。

二〇一七年の十一月の中旬、京都府連盟の交流会で話をする機会があった。多くの登山団体が組織数減少傾向にある中で、同連盟が一〇〇〇名の連盟になったというニュースは記憶に新しいが、この交流会のテーマのひとつは、それに浮かれることなく十年先二十年先を見据えた組織づくりをしていくためにはどうすべきか、ということであり、私自身、組織問題を整理するいい機会となった。中では、理念教育の大切さを軸に、登山界の現状として、「登山ブームだが、組織には入りたがらない傾向」、「これまでのような山岳会の活動（社会活動のひとつだと私は考えている）ができなくなっている近年の若者たちの労働環境・生活環境」、とりわけ、「ネット環境などインフラの整備・発達によるSNS登山などの広がりと既存の山岳会の課題」を取りあげた。

山と溪谷社発行の『登山白書2017』には「SNS登山サークルの現状」について、次のように触れられている。現代のSNS登山サークルの登山者には、〝安全性の問題やマナー違反など、評判が低下しているという感覚があるとともに、実際に「学び」が行き届いていないと感じることが多々ある〟こと、〝そうした人が果たして悪者なのかというと、そうではなく、単純に身近に登山を学べる「学習基盤」が登山界にないのだと感じる〟と述べられ、〝現代の登山界は、「登山者」と「登山を教えられる側」に大きな距離感が生じている〟と指摘されているが、これは、既存の登山団体の「課題」についての示唆でもあろう。

ここでは主に「ガイド」について言われているようだが、既存の登山組織が閉鎖的で、社会との接点を持っていないことへの指摘とともに、学ぶ機会や場の情報発信と提供が欲しい、という組織の外からの要請だとも言えるだろう。

組織の発信が喫緊の課題

大昔ある山岳会の合宿の先発隊として北アルプスの遠見尾根に入った。仕事納めの日の夜、夜行列車に乗り、早朝神城駅に着いた。テレキャビンで山麓駅まで上がって遠見尾根を登り、中遠見では胸まで積もった雪をかき分けてテントを張った。当時のビニロン製の十二人用のカマボコ型テント本体と鉄製のポール一式は、当時の冬山の個人の重装備ひとり分の重さに匹敵した。私は、その二つを担ぎあげるために新しい背負《しょい》子《こ》を買ったのだった。

翌日は、中遠見から大遠見に移動し、BCとなるテントを張った。天候は連日雪。一晩で70㎝もの降雪があった日もあった。湿雪はすぐに衣類を濡らし、テントの中ではストーブを焚《た》き続けた。

そんな天候の中で、入れ替わり立ち代わり入下山する仲間たちと一緒に、大晦日、元日、二日と二年越し、三日続けて五竜の山頂に立ったが、いつも頂上直下の吹きっさらしで、ロープを使って仲間たちを確保するのは私の役割であった。日程は五日間、先発隊五名、本隊十二名、延べ十七名という、今では想像もつかない規模の取り組みだったと思う。山岳会の冬山合宿はさまざまなエピソードや経験、体験の宝庫だった。雪の有無を心配したり、山小屋が開いているかどうか、道がついているかどうかを気にしたりすることもなく、雪があることは当然のことで、そこへ入っていくための計画や準備を進めればよかった頃の話である。

そこにはたくさんの仲間たちがいて、仲間同士の社会的関係はもちろん、組織としての蓄積や、パーティーとしてのスケールメリットがあって、山頂を踏むだけ、あるいはプロセスやスキルだけ（それはそれで否定しないが）にとどまらない冬山の登り方が確かにあった。かつては、こんな登山をする力を持つ山岳会があって、一緒に体験や経験をする中で会員ひとりひとりが学び育ってきた。そうした場がなくなって久しいが、多分、そういう場が新しい登山の流れにも求められている。

それに応えることのできるのはやはり既存の組織ではないか、と思うし、こうした登山界の現状をきちんと見据え、外に向けて自分たちの取り組みをきちんと発信していくことが、今の登山組織の喫緊の課題だと思うのだが、どうだろうか。

（二〇一八・二）

37 自分にとって「登山とはなにか?」を考える。

昔、涸沢の雪の上で、周囲からドカンドカンと雪の落ちる音を聞きつつ、テントの底にたまる水を食器で掬《すく》い出し、古新聞に目を通したり、行動食をかじったりしながら撤収を決めるまで、往生際悪く二日間を過ごしたことを覚えている。

上高地に下る行程は、私と相棒の欲求不満のはけ口となった。水を吸った装備は重く、肩にずしりと堪《こた》えたが、抜きつ抜かれつ、時には抜かせまいと、あの歩道の脇に幅寄せまでして、先を争うようにして下った。要は二人で走ったのである。思い出すと、バカだねぇ、と、笑えちゃうのだが、今ほど登山者も観光客も多くはなく、私たちもそれだけ若く強かったのだ。

あれから随分時間が経ったが、相変わらず私の足は山に向かっている。思い通りの登山ができて嬉しかったり、時にはヘロヘロになって追い返されて、ちょっと悔しい思いをしたり、情けない思いをしたりしつつ、それでもやはり山は美しく、面白く楽しい。

自分の「山登り」、その意味について考える。

なぜ、山に登るか?

夏になれば、槍ヶ岳の山頂から肩の小屋まで登山者がつながって、3時間待ち、4時間待ちというのも当たり前、春ですら、大勢で込み合う昨今では考えられないことだが、これも昔、このおそらく日本で一番有名な山の頂をひとり占めするという幸せに恵まれたことがある。

よく晴れたGWの一日、滑降を目的にスキーを担いだ仲間たちと一緒に、槍沢を登った。昼過ぎ、殺生ヒュッテに着いたところで仲間たちは行動をストップ、私はひとり槍の穂先を目指した。肩から頂上への登りも、五月晴れの山頂での静かなひと時と360度の眺望を堪能する間も、そして再び肩に下ったときも、私ひとり。後にも先にももう、あんなぜいたくな瞬間が訪れることはないだろう。

だからどうした、と言われると、どうってこたぁないのだが、それを語れること、聞いてくれるひとがいるだけで、その経験はいつまでも大事な思い出として残っていく。山登りに限らず、人間の経験ってそうした積み重ねじゃないのだろうか。

「なぜ山に登るか?」という問いかけは、近代登山が始まってからこのかた、ずっとなされてきた。多分、その答えはひとそれぞれで、決して同じではないし、またそれでいいのだと思う。

初めて山に登ったときに「もう二度とくるか!」、「なんでこんなところへ来ちゃったんだろう?」と思いながら登ったひとは多いはずだ。やっと山頂に着いて、息も整ったし、さあ、景色でも、と思ったときには「おい、降りるぞ」と言われちゃったりして、無理やり下らされた経験を持つひともいることだろう。でも、下る途中で、登っているときに考えていたことはすっかり忘れてしまって、「次はどこに登ろうか」と考えていたりするのだ。で、いちど弾みがつくと、あっちだ、こっちだ、とのべつ幕なしに出かけていくというのが多くの登山者のパターンではあるまいか。

そしてある時、その熱病のような状態から、ふと正気に戻るときがあって、「はて、なぜ自分は山に登っているのだろう」と考えたりする。そんなときに、理屈は後追いで、自分自身を納得させるためにもっともらしい理由がつけられる。

人間の、優れて知的・文化的な行為

ただ、ひとつ言えることは、「文化・スポーツ」としての登山、といわれるように、登山というのは、優れて知的・文化的な行為であるということだ。

簡単に言ってしまえば、登山なんて地球のヒダヒダを登ったり下りたりする行為に過ぎないのだ。話しかけても返事が返ってくることはない。大声で叫べばコダマぐらいは返ってくるかもしれない。何も答えてくれるわけではないのだけれど、私たち人間は、山に働きかけて、そこから何かを感じ取る。いわば「感性の反映」ともいうべきものを受け止めることができる。

猿はエサのない山には登らない。エサのない山に、エサを担いでわざわざ登っていくのは人間くらいのものなのだが、その行為が楽しみとか生きがいとか、趣味とか文化とかいうものに昇華できるという意味で、登山というスポーツは人間だからできる、人間にしかできない行為だと思う。「楽しく」「面白く」「深い」のだ、登山は。

しかもそれは一過性のものではなく、次に続いていく楽しさ、面白さである。新しい課題を見つけ出し、より高くより難しく激しく（なくてもいいのだが）、さらには、季節、条件を変えて、さまざまな道具や技術を考え、それらを駆使して次の頂を目指すことにつなげていく行為は、人間の営みそのものだし、生きることの幅を広げたり深めたりしてくれる原動力であり、生きるための糧ともなる。

ただ、その生きるための糧も、山で死んだり傷ついたりしては意味がなくなる。生きていて初めて、登山は登山としての意味を持つ。山は危険と背中合わせでもある。そのための知識・技術の習得や習熟、その練度を上げていく積み重ねと「自分にとって登山とは何か？」を考えていく作業が大切である。

同時に、そうした作業をおこないながら、文化・スポーツを維持・発展させていくためには、周囲の環境が平和であること、それを行おうとするひとたちの生活基盤が安定していることが前提となると思っている。

国の土地をでたらめな価格に値引きし、その経過を隠蔽《いんぺい》するために文書を改ざんしたり、教育の現場に政治が介入したり、海外で自由に戦争をすることができるように憲法を変えようとしたり、家を追われてまだ戻ることもできないひとたちがいるのに平気で原発再稼働を認めるようなどこぞの国の政府のように、とんでもないコトをやっているのを見ながら、今、山に登れているからそれでいいじゃないか、と知らん顔をしていれば、やがては登山どころではなくなってしまうかもしれない。

（二〇一八・五）

おわりに

２０１４年５月から２０１８年５月まで４年間にわたって、日本勤労者山岳連盟の機関誌に連載したものを、まとめて整理したものが本書である。この連載のサブタイトルは、「どんな山がやりたいんだ？」だった。登山をはじめて、登ることが楽しくて楽しくてたまらない、とにかく山に行きたくて行きたくて仕方がない、という人たちに、

「目の前に計画を示されると、それがどんな山か、自分にも登れるかどうかも関係なく、みんな、ダボハゼのようにパクッと食いついてしまう。そういう登山もだめだとはいわないけれど、自分が何を目指しているのか、どんな山登りがしたいのかということを考えて、ひとつずつ目指す山に近づいて行ったらどう？」と、私が問いかけるときに使ってきた言葉だ。

「どこへ登りたいか」ではなく、「どんな山登りを目指すか」という「志」の話である。

だが、その答えは、山登りをするひとりひとりの中にあって、私の原稿の中にはない。これまでいろいろな経験（拙いものだが）の引き出しから引っ張り出して述べてきたことが、「どんな登山をしたいか」をみんなに考えてもらうきっかけになれば嬉しい。

▲ PROFILE ▲

洞井 孝雄（ほらい たかお）

1950年名古屋市生まれ。大学卒業後から登山を始め、仕事のかたわら、趣味としての登山を追求し、季節、ジャンル、国内外を問わず、山登りをしてきた。

1980年から日本勤労者山岳連盟、愛知県勤労者山岳連盟の運営に携わり、2017年まで全国連盟副会長、2016年まで県連盟会長、理事長などを務めた。現在も遭対部の活動や登山学校、各種講座の開講などを通して遭難防止、内外の登山者の教育活動に取り組んでいる。

1981年半田ファミリー山の会の発足から現在まで会長を務める。日本ヒマラヤ協会会員。日本山岳文化学会会員。

著書に『地球まるごとわれらがフィールド』（みずち書房）、『安心登山の技法』（東京新聞）。他に『愛知県連事故事例集』第一集・第二集（愛知県連盟編）、山岳雑誌、新聞、山岳メディアへの連載、寄稿など。

実践《じっせん》！安心登山《あんしんとざん》

2021年12月10日　初版発行

著　者　洞《ほら》　井《い》　孝《たか》　雄《お》
発行者　武　馬　久仁裕
印　刷　株式会社　一誠社
製　本　株式会社　一誠社

発　行　所　株式会社　黎《れい》　明《めい》　書《しょ》　房《ぼう》
〒460-0002　名古屋市中区丸の内 3-6-27　EBS ビル
☎ 052-962-3045　FAX 052-951-9065　振替・00880-1-59001
〒101-0047　東京連絡所・千代田区内神田 1-4-9　松苗ビル 4 階
☎ 03-3268-3470

落丁本・乱丁本はお取替します。　ISBN978-4-654-07696-3